校订本 甲

事物掌故叢談

歲時令節

杨荫深 编著

上海辭書出版社

序

记载岁时令节的书，历代多有，著名者如梁宗懔《荆楚岁时记》，唐韩鄂《岁华纪丽》，宋陈元靓《岁时广记》，明陆启浤《北京岁华记》，清顾禄《清嘉录》等，不胜枚举。然所记或囿于地域，或限于时代，以致今日欲考我国各地的岁时风俗大概，仍无由得见。本书即就现今的实况，加以调查，而仍详考其由来，与夫各地特殊的地方，择要叙述。惟欲广事搜罗，则此种工作，绝非一人能力所能为，故本书所述，仅限于普通者，而为各地所均有的。至如各地独有的令节风俗，则述不胜述，概从阙略。除前代部分都参考前贤所著为之引述外；关于现代部分，则全采胡朴安氏所撰的《中华全国风俗志》一书。此书分上下两部，上部专辑各地方志，下部则录自报章杂志，故皆信而有证。本书颇多引用，除于书中注明外，谨志于此，以示谢忱。惟个人见闻有限，难免谬误之处，如蒙读者订正，不胜感幸！

杨荫深　一九四五年三月一日于上海

目录 CONTENTS

一 岁时

Seasons

岁月更新

我们现在称某年的年，在古时有许多不同的称法，唐虞时称载，夏称岁，殷称祀，至周始称为年，所以现在的年，是从周时才开始的。年本来作秊，从禾千声，谷熟的意思。因为禾是一年熟一次，所以就借作纪年的年。至于载是取万物终而复始，岁是取岁星年行一次，祀是取四时祭祀完终。

一年分为四时，就是春夏秋冬，相传始于神农。春是蠢的意思，使万物到此而出生；夏是假的意思，使万物假此而生长；秋是就的意思，使万物因此而成熟；冬是终的意思，使万物至此而终成。此四时又称四季，是因为每时又分孟仲季三月，以至季月须改时的缘故。孟是始，仲是中，季是末，就是首月中月末月的意思。

但例外的也有一年分为三时，那是佛教徒们以气候寒热来分的，即以正月十六日至五月十五日为热时，五月十六日至九月十五日为雨时，九月十六日至正月十五日为寒时。这只是分法的一种，在事实上并未通行。

在古代，因为人们智识的简单，所以将四时分配于四方及五行，并附会以种种帝神的名称。如以春为东方，五行属木，帝为太皞，神为勾芒；夏为南方，五行属火，帝为炎帝，神为祝融；秋为西方，五行属金，帝为少昊，神为蓐收；冬为北方，五行属水，帝为颛顼，神为玄冥。其实五行乃是五材而已，初见于《尚书·洪范》、《大传》(《尚书大传》的简称——编者注)。所谓："水火者，百姓之所饮食也，金木者，百姓之所兴作也，土者，万物之所资生也，是为人用。"并没有什么了不得的意义，其后则一切皆以为与五行有关，且倡相生相克之说，于是五行便闹得乌烟瘴气，成为迷信之谈了。至五行中的土，则在中央，帝为黄帝，神为后土，与上引四帝，即古时所谓五帝也。

又古人纪年，最初不用数字而用干支。干即甲乙丙丁戊己庚辛壬癸，支即子丑寅卯辰巳午未申酉戌亥，取义木的干枝，后简作干支。相传为天皇氏所创，黄帝时大挠始以天干配地支，以作甲子，如甲子乙丑以至壬戌癸亥之类，俗谓之六十甲子，凡纪年月日时都用的。但最初仅以甲子纪日，其用以纪年的，则别有名目。《尔雅》《史记》均有记载，但微有不同，兹列表如下：

岁阳表

	《尔雅》	《史记》
甲	阏逢	焉逢
乙	旃蒙	端蒙
丙	柔兆	游兆
丁	强圉	强梧
戊	著雍	徒维
己	屠维	祝犁
庚	上章	商横
辛	重光	昭阳
壬	玄默	横艾
癸	昭阳	尚章

岁阴表

	《尔雅》	《史记》
子	困敦	同右
丑	赤奋若	同右
寅	摄提格	同右
卯	单阏	同右
辰	执徐	同右
巳	大荒落	同右
午	敦牂	同右
未	协洽	同右
申	涒滩	同右
酉	作噩	同右
戌	阉茂	淹茂
亥	大渊献	同右

譬如称甲子之年,即作阏逢困敦之年。但后来嫌其烦重,便不尽用,均以甲子纪之。今则通行阳历,连甲子也废除不用了。

一年既分为四时，四时又各有三月，于是一年共为十二月。十二月在古时也有种种别称，或以四时分孟仲季，或配以地支乐律，至后世又有用花名的，为叙述明晰起见，列表如下：

月称	月时	月名	月建	月律	月花	其他
正月	孟春	陬	寅	太簇	梅	上春、初春、开春、发春、献春、首春、首岁、初岁、发岁、献岁。
二月	仲春	如	卯	夹钟	杏	仲阳
三月	季春	寎	辰	姑洗	桃	暮春、末春、晚春。
四月	孟夏	余	巳	仲吕	蔷薇	维夏、首夏。
五月	仲夏	皋	午	蕤宾	榴	
六月	季夏	且	未	林钟	莲	徂暑

续表

月称	月时	月名	月建	月律	月花	其他
七月	孟秋	相	申	夷则	葵	首秋、上秋、兰秋、肇秋。
八月	仲秋	壮	酉	南吕	桂	仲商
九月	季秋	玄	戌	无射	菊	暮秋、末秋、暮商、季商。
十月	孟冬	阳	亥	应钟	芙蓉	上冬
十一月	仲冬	辜	子	黄钟	山茶	
十二月	季冬	涂	丑	大吕	腊梅	暮冬、杪冬、除月、暮岁、暮节、穷稔、穷纪。

按：称正月二月见《春秋》及《夏小正》，称孟春仲春及月律见《礼记·月令》，称陬如月名见《尔雅》，称寅卯月建见《释名》。至以花为月名，古亦有其例，如晋陆机《纂要》有“九月亦名菊月”之说，至今犹多沿用，表中则据清俞樾的《花神议》。其他见梁元帝《纂要》，今有用有不用的。又古时王者易姓，必改正朔，正朔就是正月一日，据《史记·历书》，夏建寅为正月，殷建丑为正月（即夏十二月），周建子为正月（即夏十一月），秦建亥为正月（即夏十月），汉初亦如秦制，至武帝乃改用夏制，以寅月为正月，直至清末不复改动，故世称夏正或夏历。

又十二月亦用天干，《尔雅》亦有别名，称为月阳，即月在甲曰毕，在乙曰橘，在丙曰修，在丁曰圉，在戊曰厉，在己曰则，在庚曰窒，在辛曰塞，在壬曰终，在癸曰极。

由十二月再分为二十四气和七十二候。每月二气，在月首者为节气，在月中者为中气。又每五日为一候。节气相传为周公所定，候则见于《吕氏春秋》及《礼记·月令》诸书，惟次序名目与今历书所载略有不同，兹将现行的列表如下：

春

立春	雨水	惊蛰	春分	清明	谷雨
正月节	正月中	二月节	二月中	三月节	三月中
东风解冻	獭祭鱼	桃始华	玄鸟至	桐始华	萍始生
蛰虫始振	候雁北	仓庚鸣	雷乃发声	田鼠化为鴽	鸣鸠拂其羽
鱼涉负冰	草木萌动	鹰化为鸠	始电	虹始见	戴胜降于桑

夏

立夏	四月节	蝼蝈鸣	蚯蚓出	王瓜生
小满	四月中	苦菜秀	靡草死	麦秋至
芒种	五月节	螳螂生	鵙始鸣	反舌无声
夏至	五月中	鹿角解	蜩始鸣	半夏生
小暑	六月节	温风至	蟋蟀居壁	鹰始挚
大暑	六月中	腐草为萤	土润溽暑	大雨时行

秋

立秋	七月节	凉风至	白露降	寒蝉鸣
处暑	七月中	鹰乃祭鸟	天地始肃	禾乃登
白露	八月节	鸿雁来	玄鸟归	群鸟养羞
秋分	八月中	雷始收声	蛰虫坏户	水始涸
寒露	九月节	鸿雁来宾	雀入大水为蛤	菊有黄华
霜降	九月中	豺祭兽	草木黄落	蛰虫咸俯

冬

立冬	十月节	水始冰	地始冰	雉入大水为蜃
小雪	十月中	虹藏不见	天气上升	闭塞而成冬
大雪	十一月节	鹖鴠不鸣	虎始交	荔挺出
冬至	十一月中	蚯蚓结	麋角解	水泉动
小寒	十二月节	雁北乡	鹊始巢	雉雊
大寒	十二月中	鸡乳	征鸟厉疾	水泽腹坚

此种气候之分，无非有关于农事，使人知道时令以资遵循而已。至气候之名，皆极浅明，惟小满芒种较为隐晦，实则小满是说物长到那时小得盈满之意，芒种是说有芒的谷可以稼种之意。至于候中的某物化为某物，如鹰化鸠雀为蛤腐草为萤之类，此乃古人科学知识未深，故有此种附会。萤的孵育多在腐草之中，久而成萤，因此认为腐草所为，其实何尝是腐草呢！

由月而分日，这在阴历有月大月小之分，月大为三十日，月小为二十九日。因为太阴会太阳一次，约二十九日又十三小时，故只得有月而大，有月而小。又以与地球绕太阳一周为一年的阳历，每年相差约十日又二十一小时，所以必添置闰月，三年为一闰，五年则再闰，十九年则七闰。闰就是余的意思。这种历法，相传为黄帝臣容成所作。但历法的事，愈推愈进步的，虽始于黄帝，后世却代有改作，因为推法稍有差异，年久即生问题，不得不又改造过了。至于现代所尚通行的阴历，则为清时所造，因为已参用新法，较为缜密，所以到现在还没有改变过。其置闰的方法，于仁宗嘉庆年间特别规定，以春分须在二月，夏至须在五月，秋分须在八月，冬至须在十一月为原则。

至于现在所通行的阳历，为西洋所传入，始用于1912年。但民间因旧习惯牢不可破，所以仍盛行阴历。至1930年，国民政府又令民间亦一体应用阳历，并称阳历为国历，而以阴历为废历、旧历或农历。

由日而再分为时，最初并无明确的划分，只称为早晚如平旦、日中、夕、夜半等等而已。自汉武帝太初以后，历法已精，于是也以十二支来分时，而以一日为十二时。其后每时又分为初正两小时，于是变为一日二十四小时，正与现在的自鸣钟相同。此种自鸣钟据《续通考》云，乃意大利人利玛窦于明神宗万历二十八年所传入。在未有钟以前，则用漏壶计时。壶中盛水，开小孔以漏，漏尽适为一昼夜。又汉时分一夜为甲乙丙丁戊五夜，也称做五更，更是变易之意，这在现在还很通行的。

二 立春

Beginning of Spring

立春为四时之始，所以古时认为是重要的节日，天子且于是日斋戒，亲率公卿诸侯大夫往东郊迎春，百官都著青衣，以符春为青阳之意。不但天子，郡县也均如此。此风直至现在，民间还在举行，又称为接春。

迎春以外，还有打春，这是鞭打春牛。此风起于六朝，汉魏时只有施土牛耕人于门外，以示兆民农耕的早晚。凡立春在十二月望，耕人立在牛前，以示农耕时早；立春在十二月晦或正月朔，则耕牛人立在牛旁，以示农耕时中；立春在正月望，则耕人立在牛后，以示农耕时晚。后则不示早晚，即以鞭打牛碎为事，用意还是在于劝农的。到了现在，此风已渐革除，有的地方，只有乞儿拿着小春牛，向人家卖春牛图，索取金钱而已。但也未必定在立春日，多在立春前后数日。如《黄陂岁时纪》（胡朴安《中华全国风俗志》引）所云，更为可笑：

每逢立春之左右，邑役必派人下乡说春，售芒神春牛。说春之人，红袍纱帽，以一人鸣钲。所说皆吉利语，似歌非歌，似谣非谣。说毕酬以米。曾见某贫家见春官来，忙托一板凳与坐，凳缺一脚。春官云：『见了春官把凳托，托个板凳三只脚。不是春官看见快，险险栽破后脑壳。』又某贫家以闭门羹待之，彼唱曰：『一见春官把门闩，交了霜降打脾寒。』诸如此类，亦趣事耳，足引人发笑也。

可知现在人们对于立春，早已不像古时那般看重了。

此外立春日古时又有戴彩之举，这彩剪成各种花样，如梁宗懔《荆楚岁时记》云："立春之日，悉剪彩为燕戴之。"宋庞元英《文昌杂录》亦云："唐制立春日赐三省官彩胜各有差。"至宋则花样更多，宋孟元老《东京梦华录》云：

立春日，自郎官御史寺监长贰以上皆赐春幡胜，以罗为之；宰执亲王近臣皆赐金银幡胜。入贺讫，戴归私第。又士大夫家剪彩为小幡，谓之春幡，或悬于家人之头，或缀于花枝之下，或剪为春蝶春钱春胜以为戏。东坡立春日亦簪幡胜过子由，诸子侄笑指云：『伯伯老人亦簪幡胜耶？』

或为幡，或为胜（首饰名），或剪作蝶形钱形的，不但官府有上赐，民间则不论男女老幼都戴的。

又有于是日吃生菜的，如后汉崔寔《四民月令》云："凡立春日食生菜，不可过多；取迎新之意而已。乃进浆粥，以导和气。"又有拖钩之戏，如《荆楚岁时记》云："立春日为拖钩之戏，以鞭作篾缆相罥，绵亘数里，鸣鼓牵之。"按：此实即后世拔河之戏，唐时于清明日戏之，今则为儿童的游戏，不限定在立春与清明两节日了。

三 元旦

Chinese New Year's Day

（元旦为现今的正月初一——编者注）

元旦古称为上日、元日、朔旦、朔日、元正、正日、正旦、正朝等,也有称为三元(岁之元,时之元,月之元)、三朔(夏以平明为朔,殷以鸡鸣为朔,周以夜半为朔)、三朝(岁之朝,月之朝,日之朝)的,到后世始有元旦之称,大约也是元日正旦之意罢!

元旦为一岁之首,所以自来被认为是最重大的节日,古今殆无异致。最早如《书·舜典》:"月正元日,舜格于文祖。"文祖是尧的大祖,格是感动的意思,是舜在元旦对文祖有所礼拜的。至今元旦必挂祖先神像以祀拜,其风可谓自古已然了。按清厉鹗《可庵遗像记》云:"古者人子之于亲亡也,至汉代以来,乃有画像,虽非古制,实寓生存,遂相沿不能废。"可知画像自汉已有。至于收像日期,则各地不一,少则三日五日,多则十日十五日以至十八日。

但元旦最早例行的公事,现在还是放爆仗,所谓"爆竹一声除旧",此一声响,大有除旧迎新之意,而把旧岁从此除了,新岁于是来临。考爆仗古称爆竹,其说始于汉东方朔的《神异经》，云："西方深山中有人，长尺余，犯人则病寒热，名曰山臊。人以竹著火中，烞熚有声，而山臊惊惮。"是初意乃是辟疫驱厉。至六朝始用于元旦，如梁宗懔《荆楚岁时记》云："正月一日，鸡鸣而起，先于庭前爆竹，以避山臊恶鬼。"是犹存古意，目的在避山臊恶鬼。至后世始为除旧之意，如宋王安石诗有"爆竹声中一岁除"。后又由竹变为纸裹硫黄，而称为爆仗。据宋高承《事物纪原》云："马钧始制爆仗。"按：钧为三国魏人，他书无有此说，恐非。且宋范成大《村田乐府》云："截筒五尺煨以薪……当阶爆击雷霆吼。"是仍以竹作爆。惟爆仗之称，宋时已有，如宋孟元老《东京梦华录》云："蛮牌令数内两人出阵对舞，凡五七对，忽作一声如霹雳，谓之爆仗。"又宋施宿《嘉泰会稽志》云："除夕爆竹相闻，亦或以硫黄作爆药，声尤震厉，谓之爆仗。"是纸制爆仗当始于宋时，但仍与爆竹并用，故范诗所咏，还是指竹制的。

其次则为拜年，不但家中相拜，还须出门谒拜。此

新年团拜

《嘉泰会稽志》云："元旦男女夙兴，家主设酒果以奠，男女序拜，竣乃盛服，诣亲属贺，设酒食相款，曰岁假，凡五日乃毕。"

风于古已然，如《嘉泰会稽志》云："元旦男女夙兴，家主设酒果以奠，男女序拜，竣乃盛服，诣亲属贺，设酒食相款，曰岁假，凡五日乃毕。"此外尚有不拜而投帖的，如清顾禄《清嘉录》云：

男女以次拜家长毕，主者率卑幼，出谒邻族戚友，或止遣子弟代贺，谓之『拜年』。至有终岁不相接者，此时亦互相往拜于门。门首设籍，书姓氏，号为『门簿』。鲜衣炫路，飞轿生风，静巷幽坊，动成閧市。薄暮至人家者，谓之『拜夜节』。初十日外，谓之『拜灯节』。故俗有『有心拜节，寒食未迟』之谑。琳宫梵宇，亦交相贺岁，或粘红纸袋于门以接帖，署曰『接福』，或曰『代僮』。……有遣仆投红单刺，至戚若友家者，多不亲往，答拜者亦如之，谓之『飞帖』。

按：飞帖之事，宋时已然，最为虚套，故宋周煇《清波杂志》云：

至正交贺，多不亲往。有一士人令人持马衔，每至一门撼数声，而留刺字以表到。有知其诬者，出视之，仆云：『适已脱笼矣。』『脱笼』亦为京都虚诈闪赚之谚语。吕荥阳公言：『送门状习以成风，既劳于作伪，且疏拙露见为可笑。』司马温公在台阁时，不送门状，曰：『不诚之事，不可为也。』

且有因此而闹笑话的，如宋周密《癸辛杂识》云：

余表舅吴四丈性滑稽，适节日无仆可出，徘徊门首，恰友人沈子公仆送刺至，漫取视之，类皆亲故，于是酌之以酒，阴以己刺尽易之，沈仆不悟，因往遍投之，悉吴刺也。

是诚可谓移花以接木，张冠而李戴了。此风至现代似已稍杀，而且有的也改用贺年片了。但如《北京辅轩录》（胡朴安《中华全国风俗志》引）云："初一日各不相往来。"又云："自元旦日至初五日五天，谓之破五。于此五日内，妇女不许往人家，谓之忌门，去则以为不祥。"可谓例外。又如《婺源度岁风俗谈》（同上引）云：

元旦整齐衣冠，由家长率领卑幼出门，先向较亲近各族戚处贺年，再至较疏各家。贺年时，各家将大门紧闭，拜年者往敲门，受者在门内以客气话拒之，如『不敢当』『心领』等语，不绝于口。贺年者亦必故做必需进去之状，以示殷勤。是以往往相持甚久，始有解决，或开门请进，或贺者自去，浪费时间，莫此为甚。然遇至亲者来，即不如是拒绝。贺者至家后，必饷以点心。若贺者不肯食点心，则随即遣人送至其家，所送之物，多则八种，至少亦有二种。

贺年而至拒绝，殊为他地所未闻的。而贺者不食点心，还须送至其家，亦为别处所少有的。

说到食，元旦日北方大多吃饺子，南方大多吃圆子。又多吃素，据《北京辖轩录》云："其功用等于一年。"这当然是迷信之谈，其最初原因，当由于年前所吃鱼肉过多，故于是日特作素食，以调剂口味罢。至如河南沘源人于"面食内预包制钱一文，若食得之者，本年内必有大庆"（见《沘源县之年节》，同上引）。不知现在尚有此风否？

在古时，吃的东西更多，如《荆楚岁时记》云："正月一日，长幼悉正衣冠，以次拜贺，进椒柏酒，饮桃汤，进屠苏酒、胶牙饧，下五辛盘。"进椒柏酒汉时已有此风，汉崔寔《四民月令》以为："椒是玉衡星精，服之令人身轻能走；柏是仙药。"桃汤据注谓："桃者五行之精，厌伏邪气，制百鬼。"屠苏酒据梁沈约《俗说》云："屠苏，草庵之名。昔有人居草庵之中，每岁除夜遗闾里药一剂，令井中浸之，至元日取水置于酒尊，合家饮之，不病瘟疫。今人有得方者，亦不知其人姓名，但名屠苏而已。"胶牙饧则取其胶固之义。五辛盘据晋周处《风土记》注云:"五辛所以发五藏气,《庄子》云,春月饮酒茹葱,以通五藏也。"《本草》以葱、蒜、韭、蓼蒿、芥为五辛。虽说是通气,一面实也含有迎新之意,盖辛与新音同。凡此数物,除屠苏酒外,诚如明谢肇淛《五杂组》所云:"元旦古人有画鸡,悬苇,酌椒柏,服桃汤,食胶饧,折松枝之仪,今俱不传矣。"明时如此,至今当然更不用说了。至画鸡、悬苇诸仪,亦见于《荆楚岁时记》,云:"贴画鸡户上,悬苇索于其上,插桃符其傍,百鬼畏之。"画鸡可以驱鬼,古来原有一种传说,如晋王嘉《拾遗记》云:

尧在位七十年,有鸾雏岁岁来集,麒麟游于薮泽,枭鸱逃于绝漠。有祇支之国,献重明之鸟,一名双精,言双睛在目,状如鸡,鸣似凤,时解落毛羽,肉翮而飞,能搏逐猛兽虎狼,使妖灾群恶,不能为害。饴以琼膏,或一岁数来,或数岁不至,国人莫不扫洒门户,以望重明之集。其未至之时,国人或刻木铸金,为此鸟之状,置于门户之间,则魑魅丑类,自然退伏。今人每岁元日,或刻木铸金,或图画为鸡于牖上,此之遗像也。

至于折松见《董勋答问》，云："岁首祝椒酒而饮之，以椒称芬香，又堪为药。又折松枝男七女二，亦同此义。"总之，这些仪节，都是含有避疫驱鬼之意。此外又有杀羊磔鸡的，如三国裴玄《新语》云：

正朝县官杀羊悬其头于门，又磔鸡以覆之，俗说以厌厉气。玄以问河南伏君，伏君曰：『是土气上升，草木萌动，羊啮百草，鸡啄五谷，故杀之以助生气。』

至今此风亦未有所闻了。又有乞如愿的，《荆楚岁时记》云："以钱贯系杖脚，回以投粪扫上，云令如愿。"按：此亦有一传说，如晋干宝《搜神记》云：

庐陵欧明，从贾客，道经彭泽湖。每以舟中所有，多少投湖中，云：『以为礼。』。后复过湖，忽有一人来候明云：『是青洪君使也。青洪君感君有礼，故邀君。必有重遗君者，君勿取，独求如愿耳。』明既见青洪君，乃求如愿。如愿者，青洪君之婢也。明将如愿归，所愿辄得，数年大富。又唐·冯贽《云仙杂记》云：『后因正旦，如愿晚起，明醉挞之，走入粪壤中不见。今人正旦以绳系偶人投粪壤中，云令如愿，以此。』

此风到现在也没有了。惟正月十五夜有迎坑姑娘，则另有其人，说详后。

最后，我们应说一说元旦的娱乐了，其实不限于元旦一天，在新年中差不多天天都是如此的。最通行的则有舞龙灯弄狮子之类。考龙灯宋时已有之，如宋吴自牧《梦粱录》云："以草缚成龙，用青幕遮草上，密置灯烛万盏，望之蜿蜒，如双龙飞走之状。"今则多为竹篾所制，加以舞弄。其始盖用于元宵，故有灯名，后则不限于元宵，元旦就有舞弄的了；又因为时在日间，所以也没有用烛的。惟四川泸县龙灯，又有特别戏法，如《泸县新正之风俗》(《中华全国风俗志》引)云：

旧历正月初九日至月望，此数日晚间，七门五保，竞赛龙灯……灯或纸扎者，或纱糊者。灯中燃油纸条。前呼后拥，招摇过市，大呼曰：『拿花筒大炮来！』好事者于龙灯过处，出花筒、火炮、黄烟、地耗子、滴滴金、地花等等，向龙灯燃放。观者填街塞巷，锣鼓喧阗，火星乱落。戏龙灯者赤身跣足，盘旋跳跃，口含橄榄，以解热毒。遇人燃放花筒火炮，彼等即戏龙灯。及至龙灯已烧剩一篾筐，戏龙灯者乘隙潜去。

歌舞升平

元旦的娱乐，其实不限于元旦一天，在新年中差不多天天都是如此的。最通行的则有舞龙灯弄狮子之类……汉时就有弄狮子的，狮为伪制，于今亦然。

戏龙灯至于烧剩一篾筐而至潜去，似为他处所未闻的。至弄狮子其意义亦如龙灯。汉时就有弄狮子的，狮为伪制，于今亦然。惟安徽泾县弄狮子犹如串戏，为他地所未有。《泾县东乡佞神记》（同上引）云：

赛会演戏，各地所同，若舞狮子，则为泾县东乡所独有也。斫木块为狮首，缀以黄布为身，二人顶而舞之。佐以红海公、白海公、判官、娘娘诸神，悉以人戴假面具为之。红海公白海公系弄狮子者，一红面一白面，均满身红衣，作种种不伦不类之怪剧，以引观者之发笑……娘娘白面亦红衣，骑狮子身上而舞。判官黑面绿袍，执笔木立不动。设有人病者，必迎狮子至病人室中，周视一巡，以祓除不祥。初生小儿，将渠含至狮子口中，谓容易长大云云。其期自元旦日始，至三月初三日止，各村轮次而舞，或全堂（一日），或半堂（半日），皆有定例。迎狮子神者，必斋戒茹素，格诚格敬，无敢稍怠。舞狮子之人，率本地祠丁，平日被役于人，独此月俨然尊大，一若渠即狮子神也。

此外各地娱乐尚多，不胜枚举，这里也不详述了。

四 财神日

God of Wealth Day

今俗以正月初五日，为财神诞辰，北方亦有在初二日的。到了那天，凡希望财源亨通的人们，例必备牲接神，商号尤郑重其事，特于是日开市，以示吉利。

考财神古无所闻，清顾禄《清嘉录》以为即五路神，其说云：

五日，为路头神诞辰，金锣爆竹，牲醴毕陈，以争先为利市，必早起迎之，谓之接路头。案《无锡县志》：『五路神姓何名五路，元末御寇死，因祀之。』今俗所祀财神曰五路，似与此五路无涉。或曰即陈黄门侍郎先希冯公之五子，当黄门建祠翠微之阳，并祀五侯，见元初《石函小谱》及崇祯间《武陵小史》。明初号五显灵顺庙，曰显聪、显明、显正、显直、显德。姑苏上方山香火尤盛，号为五圣。昆山家瑞屏公锡畴撰《黄门祠碑记》云：『公墓在楞伽山侧，子五侯从祀于山之阳。』家行人公陈埒《无益之言》云：『尝度仙霞岭，后经一岭，名五显岭，岭有五显庙极整丽。黄门子孙世居光福，吴郡乃五侯父母之邦。而楞伽俗名上方，尤五侯正首之丘也。妖由人兴，遂淫昏相凭，奸愚互惑』云云。康熙间，汤文正斌（文正公汤斌——编者注）巡抚江苏，毁上方祠，不复正五显为五通之所讹。而祀者皆有禁矣，因更其名曰路头，亦曰财神。予谓今之路头，是五祀中之行神，所谓五路，当是东西南北中耳。黎里汝秋士亦为是行神。

按：五通之说，唐宋已有。其称为财神，据上文所说则似起于清初，所以汝秋士有诗云："人为利所昏，所见无非利。路头古行神，今作财神例。"按：古有五祀，门、户、行、灶、中霤，行即路神，至清乃又以路神为财神。以路神有东西南北中五路，于是财神亦有五路财神。其实路神本无根据，财神更是渺茫无稽了。汝秋士诗又云："云何年初五，相传路头至？神或临其室，获利亿万计。拜跪肃衣冠，馈献罗酒食。所祷非所司，明神应吐弃。谁欤矫其失，正俗重为祭？"这样张冠李戴，盖已有两百多年了。

五 人日

Man's Birthday

古以正月初七日为人日，此本汉东方朔《占书》，云："岁后八日，一日鸡、二日犬、三日豕、四日羊、五日牛、六日马、七日人、八日谷。其日晴，所主之物育，阴则灾。"然此书实后人伪托，未必可信。按：晋议郎董勋《答问礼》，称俗云如此，或其说始于晋时，因此古亦以人日为令节，如梁宗懔《荆楚岁时记》云：

正月七日为人日。以七种菜为羹，剪彩为人，或镂金箔为人，帖屏风上，亦戴之头鬓。又造华胜以相遗；登高赋诗。剪彩人者，从像人入新年，形容改也新。

此风至后世渐革，惟以阴晴占岁之灾祥而已。且有九天十地之说，如清顾禄《清嘉录》云：

俗以七日为人日，八日为谷日，九日为天日，十日为地日。人视此四日之阴晴，占终岁之灾祥。案：今人因《占书》有七人八谷之说，遂以九天十地附会之。

是九天十地之说，似始于清，因以九日为玉皇大帝诞辰，有斋天之举。考宋吴自牧《梦粱录》云："正月初九日为玉皇上帝诞，杭城（今杭州——编者注）中行香，诸富室咸就承天观阁上建会。"是宋时实有此风了的。

六 上元

Lantern Festival

正月十五日，俗称上元，盖本道家之说，与七月十五中元，十月十五下元合称三元。又称为元宵、元夕，都含有第一月圆之夜的意思。

论上元的盛事，厥为张证。宋朱弁《曲洧旧闻》以为沿汉武祠太一故事，其说云：

上元张灯，按唐名儒，沿袭汉武祠太乙自昏至明故事，梁简文帝有《列灯赋》，陈后主有《光璧殿遥咏灯山》诗，唐明皇先天中，东都设灯，文宗开成中，设灯迎三宫太后，是则唐以前岁不常设。本朝太宗三元不禁夜，上元御端门，中元下元御东华门，其后罢中元下元二节，而上元游观之盛，冠于前代矣。

是张灯始于唐而盛于宋。然汉武祠太一，史书不载，故洪迈《容斋随笔》即辨其妄。而宋高承《事物纪原》又以为："西域十二月三十是此方正月望，谓之大神变，故汉明帝令烧灯表佛法大明也。"但明郎瑛《七修类稿》以为："时日尤非，不足信也。"他又说：

《唐书·严挺之传》云：『睿宗好音律，先天二年正月望日，胡人婆陁请然千灯，因弛门禁，帝御安福门纵观，昼夜不息。』继而韦述《两京新记》曰：『正月十五夜，敕金吾弛禁，前后各一日看灯。』则是始于睿宗，成于玄宗无疑。至宋乾德五年正月，诏以朝廷无事，区宇乂安，令开封府更增十七十八两夕，五夜之俗因此也。今以十三易十八者，闻太祖初建南都，盛为彩楼，招徕天下富商，以实国本，元宵放灯，多至十余日，后约中定今五日耳。

是张灯之举，实始于唐。胡人婆陁，或亦佛教僧徒，是其风确又传自西方的。本为十五一夜，后又增十四十六两夜，至宋则又增十七十八夜，或云此两夜以钱王纳土献钱，买添所致。至今各地有举行三夜的，也有举行五夜的，不一而足。而闽中有多至十夜的，自十一夜燃起，直至二十二夜始息云。

此种所张的灯，初时似并不华巧，后则愈张愈盛，花样更多，名目不一。如唐郑处诲《明皇杂录》云：

上在东都，遇正月望夜，移仗上阳宫，大陈灯影，设庭燎，自禁中至于殿庭，皆设蜡炬，连属不绝。时有方都匠毛顺巧思，结创缯彩为灯楼二十间，高一百五十尺，悬珠玉金银，微风一至，锵然成韵。其灯为龙凤虎豹之状。

此虽云巧思，也不过悬珠玉金银，为龙凤虎豹之状而已，若至宋时，如周密《武林旧事》所载，有无骨灯、魫灯、羊皮灯、罗帛灯、走马灯等等，其精奇实较前代为甚。此风至今犹然，不胜尽述。

有了灯，于是又有灯谜，此风似始于宋，《武林旧事》所谓："以绢灯翦写诗词，时寓讥笑，及画人物，藏头隐语及旧京诨语，戏弄行人。" 戏弄当即令人猜谜。

上元除了灯市外，尚有闹元宵的，今各地犹多如此，清顾禄《清嘉录》云：

元宵前后，比户以锣鼓铙钹，敲击成文，谓之闹元宵，有跑马、雨夹雪、七五三、跳财神、下西风诸名。或三五成群，各执一器，儿童围绕以行，且行且击，满街鼎沸，俗呼走马锣鼓。

又有放烟火以及各种游艺的。按:烟火《事物纪原》以为:“火药杂戏,始于隋炀帝。”不知确否?宋时确有烟火之戏。至明则名目更多,如明沈榜《宛署杂记》云:“燕城烟火,有响炮、起火、三级浪、地老鼠、沙碣儿、花筒、花盆诸制。有为花草人物等形者,花儿名百余种,统名曰烟火。”

此外尚有于是日吃圆子,北方即称为元宵。据宋周必大《元宵浮圆子》诗:“时节三吴重,圆匀万里同。”是宋时已有此风,大约取其团圆之意罢!又有走三桥或称走百病,谓可以却疾。又于是夕迎紫姑,俗称接坑三姑娘。按:南朝宋刘敬叔《异苑》云:

世有紫姑神,古来相传云是人家妾,为大妇所嫉(一作妬)。每以秽事相次役。正月十五日感激而死,故世人以其日作其形,夜于厕间或猪栏边迎之。祝曰『子胥不在,是其婿名也。曹姑亦归,曹即其大妇也。小姑可出戏。』投者觉重,便是神来。

则自来已古了。又有召帚姑、针姑、苇姑的，大抵为妇女卜一岁休咎之事，宋范成大《上元纪》已说及之，以事涉迷信，不详述了。

除上述者外，现今各地尚有特别风俗的，兹亦附录一二，以广见闻。《南通正月望之奇俗》（《中华全国风俗志》引）云：

旧历正月十四日，各农家束稻藁数个，置于田中；又用面粉搦成似棉花形之物凡数百个，缀于秸上，与已放之棉花相似。于是将此假棉花秸遍插田边。月望之夜，用草把柏枝，握于手中，燃其一端，旋舞不已，且高声唱歌。歌谱甚多，兹就所知录其一则于下：『正月半，放烧火，别人家菜才栽，我家菜已经上了街。别人家黄豆骰子大，我家黄豆盘蓝大。别人家棉花瘦且低，我家棉花壮了要撑天。』火把烧完后，将棉花秸上之面果摘下，还家入锅炒熟，分给小孩食之。俗说食此面果，可免灾殃。以上所述，系南通农家风俗，名曰放烧火，年年正月望有此举动也。

又如《淮安风俗志》(同上引)云:

旧历元宵节后,二月二日以前,此十数日间,有所谓送子者焉。此事亦系出于亲友之所为。盖凡老年无子,及成婚多年而无所育者,亲友知其盼子心切,咸乐送之。然所送者非人,乃一纸糊之小红灯耳。间有用砖代者,此砖须取自东门外之麒麟桥塊,否则无效,盖取麒麟送子意也。其手续由送者先期择一吉日,备柬通知受者之家,临时约集十余人,锣鼓喧腾,乐声大作。持灯或砖送往,受者则远迓于门外,以所送之灯或砖悬于望子者之床中,并以酒筵款待送者,聊答盛意,将来如得子,尤须谢以重礼。在送者亦受之无愧,一若非吾一送,则此子即不能得也,亦可哂已。

放烧火实为他处所未闻。至送子则各地多有,惟并不举行于上元节后的。

七 社日

Local God of the Land Day

俗以二月二日为土地诞辰，例有祀神之举。清顾禄《清嘉录》以为即古的社祭，其说云：

二月二日，为土地神诞，俗称土地公公，大小官廨皆有其祠。官府谒祭，吏胥奉香火者，各牲乐以酬。村农亦家户壶浆，以祝神釐，俗称田公田婆。案：《周礼·春官》，大示而外，有土示地示，此后代土地神所由名也。土示，五土之示，即社也；地示，地之百示。今祀典自有社稷坛，而民间复立土地庙者，社坛古之国社，后代谓之官社；民间土地祠，《记》所谓『大夫以下盛群立社，曰置社』，即后代之里社。《明史》：『里社，每里一百户，立坛一所，祀五土五谷之神。』《左氏传》昭公二十九年『社稷之神为上公』。又杜氏注用币于社，谓：『请救于上公。』《后汉书·方术传》有『社公』之名。是天下之社神，宜通谓之公，后讹为土地公公，且茧袍乌帽，装扮白发翁矣。……抑知今之二月二日，犹古之社也。《月令》：『（二月）择元日，命民社。』郑注谓祀社稷之神。元日，谓近春分前后戊日元吉也。

按：社祭古无定日，郑玄注《月令》虽云近春分前后戊日为社日（宋以立春后第五戊日为社日，今犹如此），但如晋嵇含《社赋序》云：

社之在于世尚矣。自天子至于庶人，莫不咸用。有汉卜日丙午，魏氏释丁未，至于大晋则社孟月之酉日，各因其行运。三代固有不同，虽其奉社，而莫议社之所由兴也。

则汉魏晋均各有规定，并不相同。至社之用意，郑玄注《月令》以为："春事兴，故祀之以祈农祥。"又如《孝经纬》云："社，土地之主也。土地阔不可尽祭，故封土为社，以报功也。"盖一方面为祈农，一方面为报功的。

至于社日，古有分肉的事。最著名的便是陈平分肉。《汉书》本传说他"里中社，平为宰，分肉甚均。里父老曰：善，陈孺子之为宰"。梁宗懔《荆楚岁时记》亦有"社日，四邻共结宗会社，宰牲牢，为屋于树下，先祭神，然后享其胙"。此风至宋犹然，再至后世，则便如《清嘉录》所说，有官社民社之分，官社仍在社日，而民社为二月二日了。此风当始于明，明刘若愚《酌中志》，曾云："燕俗，二月二日用黍面枣糕，以油熬之，曰薰虫。"《清嘉录》亦有"是日以隔年糕油煎食之，谓之撑腰糕"。吴曼云《江乡节物词》小序又云："杭俗二日煎糕爆豆，以祀土地，谓即春祭社之礼。"到了现在，则各地风俗不一，如《南京采风记》(《中华全国风俗志》引)云：

二月初二日，俗谓龙抬头。有女出阁者，均于是日归宁。谚云：『二月二，龙抬头，家家接女诉冤仇。』……二月初二，土地神诞辰。纸扎铺剪纸为袍，而粉绘之，人家买以作供。大街小巷，供当方土地，张灯于神前……县署祠旁搭草台，演土地戏。

山东高唐则有吃蝎子毒之俗，如《高唐之奇俗》（同上引）云：

阴历二月初二日，高唐有一种奇俗，名吃蝎子毒。蝎子能注射毒汁杀人。高唐之人用黄豆盐水泡之，经二十四小时后，将水滤去晒干，置锅中炒熟食之。其意以为春雷鸣动，万蛰皆起，而此螫人之蝎子亦将出蛰，故吃黄豆，托名蝎子毒，谓吃尽其毒，可免为其所螫也。

又江苏阜宁是日有打露天囤之俗，如《阜宁二月二日风俗》(同上引)云：

露天囤者，农人收五谷之时，在农场上折囤，谓之露天囤。二月二日打露天囤并非实有其事，不过表示其希望收成之丰足而已。其俗取灶中炊后剩余之灰烬，在住屋附近，或近场左右，撒成大大之圆圈而已。

又广东潮州有迎青龙之举，如《潮州之迎青龙》(同上引)云：

潮州土俗，以蛇之青色者为青龙，奉之如神。每岁二月望前，结彩为舆，管弦钲鼓，舆之以行，名曰迎青龙。妓女之未经梳栊者，皆浓妆艳服，扮剧中故事，随神游行。纨袴子弟，裙屐少年，争备金缯，择佳丽者以次给之，受者名曰得标。得标多者声名噪甚，即有大腹贾不惜千金为制衣饰，与之梳栊。昔丘海阳铁香有《观妓诗》云：『凤城二月好春光，社鼓逢逢报赛忙。百戏俱张全不顾，争围台阁看新妆。』又云：『一枝花斗一枝新，公子王孙逐后尘。夺得锦标载月返，不知春思属何人？』盖实录也。

八 上巳

Shangsi Day

三月三日，俗称上巳，古时有于是日临水祓禊之举，晋王羲之《兰亭诗序》写的就是这么一回事，为今人所习知。但何以定为三月三日，据梁吴均《续齐谐记》云：

晋武帝问尚书挚虞曰：『三日曲水，其义何指？』答曰：『汉章帝时，平原徐肇以三月初生三女，至三日俱亡，一邨以为怪，乃相携之水滨盥洗，遂因流水以滥觞。曲水起于此。』帝曰：『若如所谈，便非佳事。』尚书郎束皙曰：『挚虞小生，不足以知此，臣请说其始。昔周公城洛邑，因流水以泛酒，故逸诗云，羽觞随波流。又，秦昭王三月上置酒河曲，见有金人自东而出，捧水心剑曰，令君制有西夏。乃秦霸诸侯，乃因其处立为曲水祠。二汉相沿，皆成盛集。』帝曰：『善。』赐金十五斤，左迁挚虞为阳城令。

其实挚虞此说，乃当时传说，晋周处《风土记》亦云：“汉末郭虞者，有三女，一以三月上辰，一以上巳，一以上午，三日三女乳时并亡。迄今时俗以为大忌，故到是月是日，妇人忌讳不复止家，皆适东流水上就通远地，祈祓自洁濯也。”不过天下的事，恐无此巧合，既是传说而已，自难置信。又据《韩诗外传》云：“郑国之俗，三月上巳，于秦洧两水之上，招魂续魄，秉兰拂除不祥。”是古原有祓除不祥之风，未必为汉三女同亡明甚。本为三月上旬巳日，至魏以后，始但用三日，不复用巳（见《宋书·礼志》）。其后于祓禊之外，又加以流杯曲水之饮。所谓流杯，亦称流觞，就是投杯于水的上游，听其随波而下，止于某处，则其人取而饮之。此风在唐犹盛，至宋则渐无闻，今更无人有此雅兴了。

宋时又以是日为北极佑圣真君的诞辰。《梦粱录》云：“士庶烧香，纷集殿庭。诸宫道宇，俱设醮事。上祈国泰，下保民安。诸军寨及殿司卫奉侍香火者，皆安排社会，结缚台阁，迎列于道，观睹者纷纷。”至今各地有于是日迎神赛会的，当为此佑圣真君诞辰的缘故罢！

又各地妇女有于是日带荠菜花的，据宋赞宁《物类相感志》云："三月三日收荠菜花，置灯檠上，则飞蛾蚊虫不投。"明田汝成《西湖游览志》云："三月三日，男女皆戴荠菜花。"是初为驱虫，后始戴带的。

九 清明

Qingming Festival

清明为二十四节气之一，而民间除冬至外，却较任何节气为重视，于是日祭扫祖墓。但在唐以前，实重视寒食而非清明。寒食据梁宗懔《荆楚岁时记》云："去冬节一百五日，即有疾风甚雨，谓之寒食，禁火三日造饧大麦粥。"注谓："据历合在清明前二日，亦有去冬至一百六日者。"相传晋文公焚林求介子推，子推抱木而死，文公哀之，禁人于是日举火，后世始有寒食之俗。本为一月，后乃改为三日，如《艺文类聚》引《后汉书》云：

举稍迁并州刺史，太原一郡，旧俗以介子推焚骸，有龙忌之禁，至其亡月，咸言神灵不乐举火，移书于子推庙云：『春中寒食一月，老小不堪，今则三日而已。』

然据《左传》《史记》，并无子推被焚之事。惟《周礼》有司烜氏：仲春以木铎循火禁于国中，注云："为季春将出火也。"是禁火本为周的旧制，无关子推。惟当时仅作寒食，如《荆楚岁时记》所谓"造饧大麦粥"，晋陆翙《邺中记》所谓"作干粥"而已。至唐乃有于寒食扫墓之举，如《唐书》所云："开元二十年敕，寒食上墓，《礼经》无文。近代相传，寖以成俗，宜许上墓同拜扫礼。"既云近代，可知古实未闻，而时期在于寒食，并非清明。然清明距寒食仅两日，而唐时又仅距一日，如沈佺期《岭表逢寒食》诗云："岭外逢寒食，春来不见饧。洛中新甲子，明日是清明。"则寒食与清明实难细分。且今人扫墓，未必限于清明那天，也有在前或在后的，诚如清顾禄《清嘉录》所云："士庶并出祭祖先坟墓，谓之上坟。以清明前一日，至立夏日止。"则与唐制实并不相违。不过现在都说是清明，不再提起是寒食了。

清明除了扫墓以外，于今尚有插柳，此风亦始于唐，如《岁时记》云："唐朝于清明取榆柳之火以赐近臣，顺阳气也。”又唐段成式《酉阳杂俎》云：“唐中宗三月三日赐侍臣细柳圈，戴之可免虿毒。”盖本为取榆柳之火，或三月三日戴柳以免毒，后则并为一事，只于清明日举行。《岁时记》又云：“五代时江淮间，寒食日家家折柳插门。”至宋如吴自牧《梦粱录》，亦云：“清明日家家以柳条插门上。”本为以顺阳气，至后亦成迷信，如吴谚有云：“清明不戴柳，红颜成皓首。”甬谚有云：“清明不戴柳，下生无娘舅。”

又江浙之间，清明日有吃青团红藕的，此亦本古时寒食之意。清顾禄《清嘉录》云：

市上卖青团焐熟藕，为居人清明祀先之品。案：吴希哲《岁时杂记》谓两浙民俗，以养火蚕，故于此日禁火。今俗用青团红藕，皆可冷食，犹循禁火遗风，然与鬼神享气之义不合，故仍复有烧笋烹鱼以享者。

按：道家有所谓青精饭，采南烛枝叶捣汁浸米，蒸饭以服，云可益颜延寿。此青团大约亦本此法，惟其用意或为寒食而非延寿罢！

此外古时于寒食或清明尚有许多游戏，今各地有行有不行的。《荆楚岁时记》于寒食日有斗鸡打球之戏。唐时有秋千拔河之戏。如五代王仁裕《开元天宝遗事》云：

天宝宫中，至寒食节，竞竖秋千令宫嫔辈戏笑以为宴乐，帝呼为半仙之戏，都中士民因而呼之。

按：秋千亦作鞦韆，《古今艺术图》以为："本山戎之戏，齐桓北伐，此戏始传中国。"一云本作千秋字，乃汉宫祝寿词，后倒读为秋千。又如唐武平一《景龙文馆记》云：

景龙四年清明，中宗幸梨园，命侍臣为拔河之戏。以大麻絙两头系十余小索，每索数人执之以挽，力弱为输。

按：拔河古称牵钩，唐封演《封氏闻见记》云："相传楚将伐吴，以为教战。"

至于清明踏青，唐宋时此风已盛。其实古所谓踏青，亦不限清明，如《旧唐书·代宗纪》有"二月壬午幸昆明池踏青"。唐韩鄂《岁华纪丽》且有"二月二日踏青节也"之说。最后清明尚有特殊风俗，如《泰县时节之风俗》(《中华全国风俗志》引)云：

清明之风俗，如扫墓植树等事，人所尽知，不必赘述。泰县有一种特别风俗，清明日乡下农人咸备大船几艘，每船约有廿余人，立船之两边，咸执撑篙，在空旷河道比赛，称为撑会船。各船争先恐后，拼命前进。遇岸上孤坟，即焚化纸锭，至晚尽欢而散。究竟此种陋俗，起自何时，有何用意，乡人亦莫明其妙。吾无以解之，谓之为田家作乐而已。

按：《梦粱录》有"清明日又有龙舟可观"之语，是古时竞赛龙舟，不限端午，泰县此风，或犹其遗制，未必是陋俗哩。

一〇 浴佛节

Buddha's Birthday

佛像

四月八日为浴佛节，相传是日为释迦牟尼的诞辰，民间以香汤浴佛，故名。此风当始于六朝，梁宗懔《荆楚岁时记》云：

四月八日，诸寺设斋，以五色香水浴佛，共作龙华会。

此种香汤，据《高僧传》所云是这样的：

四月八日浴佛，以都梁香为青色水，郁金香为赤色水，丘隆香为白色水，附子香为黄色水，安息香为黑色水，以灌佛顶也。

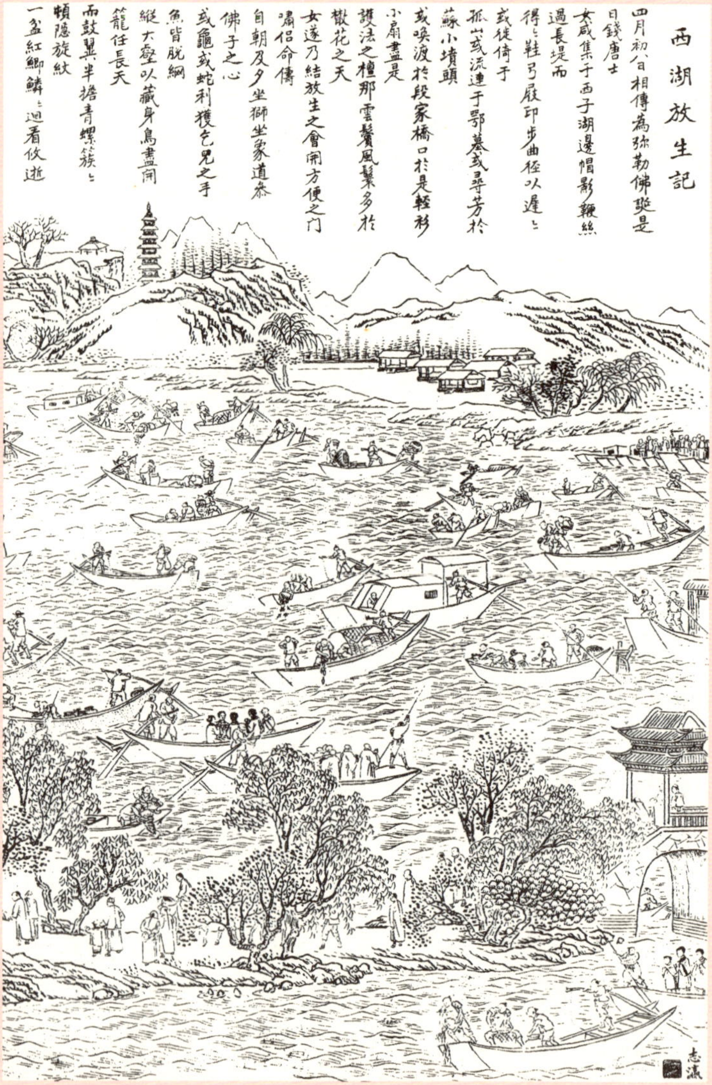

浴佛节 四月八日为浴佛节，相传是日为释迦牟尼的诞辰，民间以香汤浴佛，故名。此风当始于六朝。

但普通的当然没有这样的讲究。如宋周密《武林旧事》云:

四月八日为佛诞日,诸寺院各有浴佛会。僧尼辈竞以小盆贮铜像,浸以糖水,覆以花棚,铙钹交迎,遍往邸第富室,以小杓浇灌,以求施利。是日西湖作放生会,舟楫甚盛,略如春时小舟,竞买龟鱼螺蚌放生。

浴佛节

《武林旧事》云:“四月八日为佛诞日,诸寺院各有浴佛会……是日西湖作放生会,舟楫甚盛,略如春时小舟,竞买龟鱼螺蚌放生。”

不过是糖水而已。即使用香水，也没有这样五彩缤纷了。其后又于是日食青精饭，以应时节。如清顾禄《清嘉录》云：

四月八日，市肆煮青精饭为糕式，居人买以供佛，名曰阿弥饭，亦名乌米糕。案：考《神隐》，西域有神名曰佛，佛生日以黑黍饭不落角祀之，中国奉教者率相仿效。今之乌米饭疑即黑黍饭。

其他各地亦大略如此，不详述。惟湖南宁远是日有忌毛虫之俗，用黄纸书："四月八日节，洞宾来借歇。仙风吹一口，毛虫尽皆灭。"粘于壁上，云可使毛虫绝迹，则为他处所未闻的。

二 立夏

Beginning of Summer

立夏在四月间，为夏的开始。古时亦如立春，天子必须亲率公卿大夫举行迎夏之礼，其地点为南郊，且穿赤衣，以符夏为赤帝之意。

但古时除了迎夏以外，实无其他仪节可言，不像立春之被人重视。直至明时，始有尝新之说，如明田汝成《西湖游览志》云：

立夏之日，人家各烹新茶，配以诸色细果，馈送亲戚比邻，谓之七家茶。富家竞侈，果皆雕刻，饰以金箔，而香汤名目若茉莉、林檎、蔷薇、桂蕊、丁檀、苏杏，盛以哥汝瓷瓯，仅供一啜而已。

此后至清名目更多，亦视为佳节。如清顾禄《清嘉录》云：

立夏日，家设樱桃、青梅、穛麦，供神享先，名曰『立夏见三新』。宴饮则有烧酒、酒酿、海蛳、馒头、面筋、芥菜、白笋、咸鸭蛋等品为佐。蚕豆亦于是日尝新。酒肆馈遗于主顾以酒酿烧酒，谓之馈节。家户以大秤权人轻重，至立秋日又秤之，以验夏中之肥瘠。又取隔岁撑门炭烹茶以饮，茶叶则索诸左右邻舍，谓之七家茶。或小儿嗜猫狗食余，俗名『猫狗饭』。是日虽寒，必著纱衣一袭；并戒坐户槛，俱令人夏中壮健。

盖初仅为尝新之意，后则愈增愈多了。又初多为夏至的仪节，至后又移于是日，如免除注夏，古多在夏至日吃的，现在多改为那天吃了。此外各地又有吃花饭的，即糯米与乌豆合煮，其色黑白相间，故名。吃笋则有健脚之意，以笋如脚的缘故。蛋则似取团圆之意，今又有用新鲜的，以茶叶合煮，色带紫赭，即称为茶叶蛋。也有用粉加馅，做作蛋形，称为粉鸭蛋。这种大约以江浙两省为多，别地不得而知。而云南宣威，有于是日占一年的丰歉的，如《宣威岁时之陋俗》(《中华全国风俗志》引)云：

宣威人民，每以立夏之阴晴，而占一年之丰歉。谚云：『立夏不下，高田不坝。』又云：『立夏无雨，碓头无米。』盖谓立夏无雨，将主干旱，秋收必需减色也。

按：逢节占年，各地多有，此不过举其一例而已，并非是特有的风俗。

二二 端午

Dragon Boat Festival

端午亦称端五、端阳、重五、重午。按：端之意为始，午为夏正建寅，五月为午月，故五日并称午日。

端午令节，今人多以为纪念屈原投汨罗而死，所吃的粽，正为祭祀屈原而作，如梁吴均《续齐谐记》云：

屈原五月五日投汨罗而死，楚人哀之，每至此日竹筒贮米，投水以祭之。汉建武中，长沙区曲白日忽见一人，自称三闾大夫，谓曲曰：『闻君当见祭，甚善。但常年所遗，苦为蛟龙所窃。今若有惠，可以楝树叶塞其上，以五采丝缠之。此二物蛟龙所惮也。』曲依其言。世人作粽并带五色丝及楝叶，皆汨罗之遗风也。

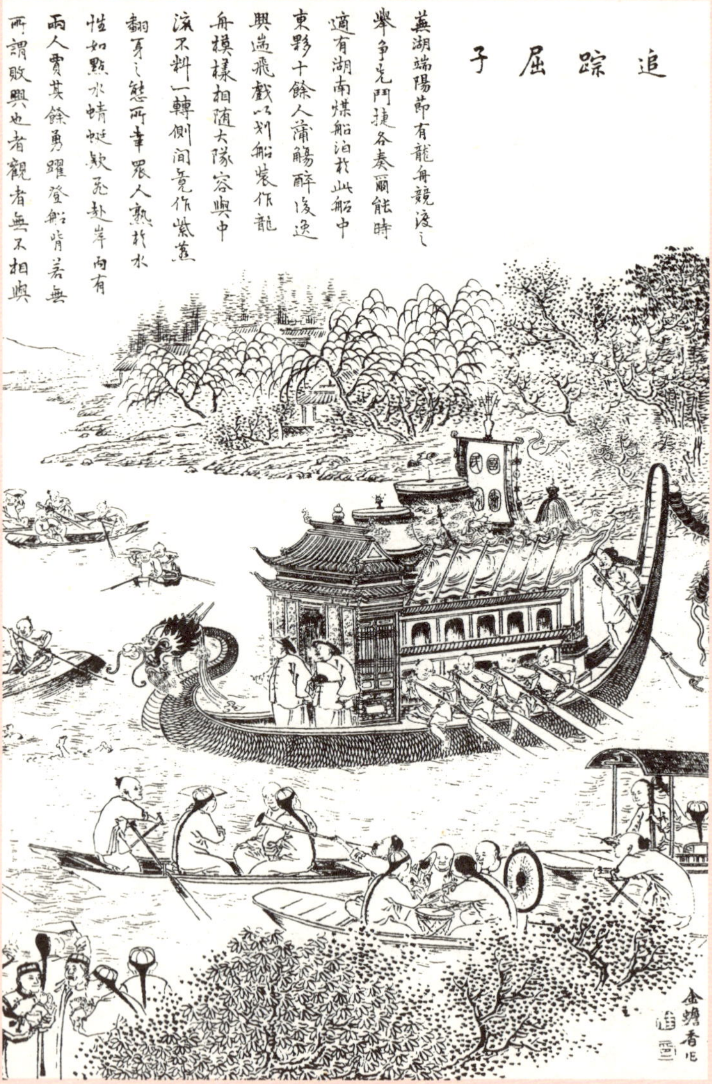

追踪屈子

端午令节，今人多以为纪念屈原投汨罗而死，所吃的粽，正为祭祀屈原而作。

然其实时至五月，天气渐热，古时为防止热毒，是日竞采杂药，如《夏小正》："此月蓄药，以蠲除毒气"。《后汉书·礼仪志》又云："朱索五色印为门户饰，以难止恶气。"皆未言为屈原的事。至于吃粽，如晋周处《风土记》云："五月五日，以菰叶裹黏米煮熟，谓之角黍，以象阴阳相包裹，未分散也。"是含有阴阳相包裹之意，并非为祭屈原的。

端午除上述诸事外，又有悬艾、饮酒、竞渡等事。悬艾似即汉所谓桃印，至晋则《风土记》云："采艾悬于户上。"《荆楚岁时记》也云："采艾以为人，悬门户上，以禳毒气。"又云："以艾为虎形，或剪彩为小虎，帖（通"贴"——编者注）以艾叶，内人争相戴之。"后世则于艾以外，又加菖蒲，亦作人形，又作剑状，称为蒲剑，云以却鬼。按：此风似始于唐，唐孙思邈《千金月令》有"端五以菖蒲或缕或屑以泛酒"之说，是唐时已有用菖蒲以作药的，推而以菖蒲辟邪，事亦可通。至于饮酒，普通多和以雄黄与蒲屑亦为去邪解毒之意。蒲屑已如上述，雄黄则宋时亦有之，如施宿《嘉泰会稽志》云：“端午日，设蒲觞，磨雄黄酒饮之。”至明又有用朱砂的，如明冯应京《月令广义》云：“五日用朱砂酒，辟邪解毒，余酒染额胸手足心，无虺蛇之患。又以洒墙壁门窗，以避毒虫。”此外又有竞渡，据说也为驱疫，如明谢肇淛《五杂组》云：

古人岁时之事行于今者，独端午为多：竞渡也，作粽也，系五色丝也，饮菖蒲酒也，悬艾也，作艾虎也，佩符也，浴兰汤也，斗草也，采药也，书仪方也；而又以雄黄入酒饮之，并喷屋壁床帐，婴儿涂其耳鼻，云以辟蛇虫诸毒。兰汤不可得，则以午时取五色草沸而浴之。至于竞渡，楚蜀为甚，吾闽亦喜为之，云以驱疫，有司禁之不能也。

然竞渡实非驱疫，按:《荆楚岁时记》已有“竞渡俗谓是屈原”之说,《隋书·地理志》亦云:

屈原以五月望日赴汨罗，土人追至洞庭不见，湖大船小，莫得济者，乃歌曰：『何由得渡湖？』因尔鼓棹争归，竞会亭上，习以相传，为竞渡之戏。其迅楫齐驰，棹歌乱响，喧振水陆，观者如云。诸郡率然。

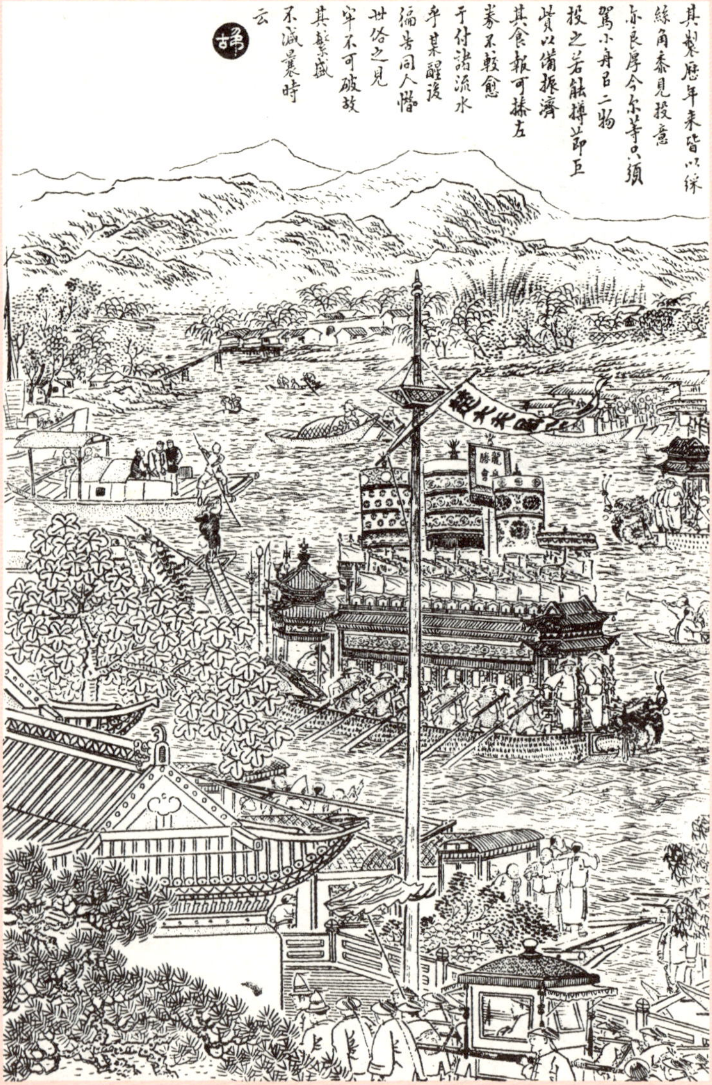

龙舟竞渡

“竞渡始于武陵，及今举楫而相和之，其音咸呼云何在。”是盖为追念屈原而起。

又唐刘禹锡《竞渡曲》自注，亦云："竞渡始于武陵，及今举楫而相和之，其音咸呼云何在。"是盖为追念屈原而起。但也有认为是起于越王勾践的，如清顾禄《清嘉录》云：

五日竞渡，相传吊三闾大夫而作，本《荆楚岁时记》之说，但于吴地无涉。赵晔《吴越春秋》以为起于勾践，盖悯子胥之忠而作。周栎园《因树屋书影》以为习水报吴，托于嬉戏。宗懔引邯郸淳《曹娥碑》云，五月五日，时迎伍君逆涛而上，为水所淹。谓是东吴之俗，事在子胥，不关屈氏。然则荆楚自为灵均，吴越自为子胥耳。

此亦可备一说。大约吴越人以为起自吴越，而荆楚人则以起于荆楚。惟普通人则多从前说。

其实端午在古时被认为是防疫之节，所以饮食悬佩，无一非与防疫有关，惟此竞渡，似为一种娱乐。然至今各地也有于他节举行竞渡的，固不限于端午一日而已。

此外还有挂钟馗图的。按：钟馗有图，始于唐玄宗命吴道子所作，然唐宋于除夕始挂此图，云以驱鬼。今则挂于端午，此风似始于清，如清顾禄《清嘉录》云：

五月，堂中挂钟馗画图一月，以祛邪魅。案：《杨慎外集》云：『钟馗即终葵，古人多以终葵为名，其后误为钟馗。俗画一神像帖于门，手执椎以击鬼，好怪者遂相传钟馗能啖鬼，又作《钟馗图》。』是钟馗之名，由来已久，特古人以除夕，今人以端五，其用亦自不同。江、震《志》云：『五日堂中悬钟馗画像，谓旧俗所未有。』

大约因为能辟邪啖鬼，所以又悬之于端午罢！

一三 天贶节

Kuang Day

俗以六月六日为天贶节，此事实始于宋，真宗因耻澶渊与契丹盟约，用王钦若的话，欲因得天瑞以封禅泰山诸地，镇服四海，乃伪托梦见神人，当降天书，果于正月及六月，两次降天书于京师及泰山。其实都是王钦若等所伪造的，哪里有真的天书？后来真宗遂以第二次降天书的六月六日，定为天贶节，令京师断屠一天，率百官行香于上清宫。从此以后，上行下效，都以六月六日为天贶节。天贶就是天赐，其实都是上了王钦若等的当了。

但此风也只行于真宗一朝而已，以后就无所闻。到了南宋，则定是日为崔真君诞辰。据宋吴自牧《梦粱录》云：

六月初六日，敕封护国显应兴福普佑真君诞辰，乃磁州（今河北磁县——编者注）崔府君，系东汉人也。朝廷建观在阊门外，聚景园前，灵芝寺侧，赐观额名曰显应。其神于靖康时高庙为亲王日，出使到磁州界，神显灵卫驾，因建此宫观崇奉香火，以褒其功。此日内庭差天使降香设醮；贵戚士庶多有献香化纸。是日湖中画舫，俱舣堤边，纳凉避暑，恣眠柳影，饱挹荷香，散发披襟，浮瓜沉李，或酌酒以狂歌，或围棋而垂钓，游情寓意，不一而足。盖此时烁石流金，无可为玩，姑借此以行乐耳。

天贶节

有于是日晒书曝衣的，大约取其天气已热可以曝晒而已，别无深意可言。

此恐仅限临安(即今杭州)一地,他处未必如此的。至于现在,则各地有祀神赛会的,但并不普遍,而且也非为崔真君了,或为城隍,或为土地,祀城隍则所以禳灾,祀土地则所以祈谷。又各地自祀其神,如山东荣成为藤将军,江西德安为杨泗菩萨,广州为龙母娘娘,不一而足。

此外有于是日晒书曝衣的,大约取其天气已热可以曝晒而已,别无深意可言。此风似始于明,明沈德符《万历野获编》有"六月六日,内府皇史宬曝列圣实录御制文集诸大函,为每岁故事"之说。但浙江丽水却有一个奇怪的传说,如《丽水之天贶节》(《中华全国风俗志》引)云:

旧历六月六日为天贶节,丽水有一种奇俗,相传陈玄奘自西天取佛经来中国,经大海时曾堕海中,为水所湿,故天贶节丽邑有晒经之俗,诚奇事也。晒经之人大半为妇女,各寺院庙观咸有妇女晒经,有晒一庙之经者,有晒数庙者,有晒全邑各寺观者。但晒经虽定为初六日,而晒经妇女初五日晚间即群集佛前,喃喃诵经,至旭日东升,即停诵四散,庙中阒无人迹。而所谓晒经者,特其名耳,并无于日中晒经之实事也。

天贶节

“晒经之人大半为妇女，各寺院庙观咸有妇女晒经，有晒一庙之经者，有晒数庙者，有晒全邑各寺观者。”

此虽言晒经，即与晒书同类，有此奇俗，则为他地所未闻的。

又有于是日为狗猫生日，率狗猫于河中沐浴。此风亦始于明，明田汝成《西湖游览志》云："是日郡人舁猫狗浴之河中，致有汩没淤泥，踉跄就毙者，其取义竟不可晓也。"但因此遂有是日为狗猫浴而人不可浴之说，如人亦浴，则人无异为狗猫了。这里便有一个笑话，如明蒋一葵《尧山堂外纪》云：

毛栗庵埕往谒杨南峰，适浴，阍人以告，不获见。后南峰答拜，栗庵亦以浴辞。南峰即题所投刺曰：『君来拜我我沐浴，我来拜君君沐浴。君拜我时四月八，我拜君时六月六。』谓俗有六月六浴猫犬之谣也。

这当然是很无谓的。而《万历野获编》中却说："时俗妇女，多以六月六日沐发，谓沐之则不腻不垢。"沐发与浴身何异，可知本来并无避忌的，只是好事者附会罢了。

至于吃的方面，有的地方有于是日吃面食的，如江苏东台有"六月六，吃了糕屑养了肉"。糕屑就是用麦粉以糖油为馅而成的。有吃鸡粥的，如浙江台州，有六月六老者宜食鸡粥，谓时极阴以补阳云。但相反的是湖南衡州，却于是日忌殺用鸡，以为鸡音近饥，与一年的丰歉有关。又云南宣威于是日大杀猪羊，如《宣威岁时之陋俗》(《中华全国风俗志》引)云：

旧历六月六日，向称天贶节。宣威之地方，早已农毕，放牛于山林之中休息矣。唯山中多豺狼，每为所害，于是在天贶节之一日，杀猪宰羊，为土地公婆祝寿。盖俗有『土地不开口，老虎不吃人』之谚，求其保护耕牛，不使豺狼食也。

在夏令而有此举，则又是一种独特的风俗了。

一四 伏日

The Hottest Days in the Summer

最古并无伏日，至春秋时，秦德公始设伏，但周人仍无此制。《史记·诸侯年表》云："秦德公二年，初作伏，祠社，磔狗邑四门。"所以要杀狗于邑的四门，因狗是阳畜，阳能驱阴的缘故。至何以名之为伏，则《历忌释》云：

伏者何也？金气伏藏之日也。四时代谢，皆以相生：立春木代水，水生木；立夏火代木，木生火；立冬水代金，金生水；至于立秋以金代火，金畏于火，故至庚日必伏，庚者金，故曰伏也。

此以五行相生为言，实难使人惬意，倒不如唐颜师古注《汉书》云"伏者，谓阴气将起，迫于残阳而未得升，故为藏伏，因名伏日"较为近理。但其实时至六月，正是一年中最炎暑的时节，劝人于此隐伏避暑，倒是最便捷的解释。因为庚是金的缘故，所以伏日从夏至后起，第三庚为初伏，第四庚为中伏，立秋后第一庚为后伏，谓之三伏，见《阴阳书》。此为汉时所定，到现在还复如此。

伏日并不如其他令节，有什么的仪节可言。《后汉书·和帝纪》云："永元六年，初令伏闭尽日。"注引《汉官旧仪》云："伏日厉鬼行，故尽日闭，不干他事。"这大约是伏日第一天罢，否则如为三伏，倒如现在的暑假了。此外惟作避暑之举，如《魏典略》云：

光禄大夫刘松北镇袁绍军，与绍子弟日共饮宴。常以三伏之际，昼夜酣饮极醉，至于无知，云以避一时之暑，故河朔有避暑饮。

避暑而是饮酒，未免有暑上加暑之嫌，有其名而无其实，倒不如唐人的避暑会，真正名副其实。五代王仁裕《开元天宝遗事》云：

长安富家子刘逸、李闲、卫旷，家势巨豪，而好接待四方之士……每至暑伏中，各于林亭内植画柱，以锦绮结为凉棚，设坐具，召长安名妓间坐，递相延请为避暑之会，时人无不爱羡也。

此外则“于风亭水榭，雪槛冰盘，浮瓜沉李，流杯曲沼，通夕而罢”。这确是真正避暑的方法。

到了现在，伏日也不过如此，别无新奇可述的。

一五 立秋

Beginning of Autumn

立秋古时如立春立夏一样，天子亲率公卿大夫迎秋于西郊。汉时且于是日举行"貙刘"之礼，这是天子于郊礼之后，再到东门出猎，射死一牲，即载到宗庙以祭。如《后汉书·礼仪志》云：

立秋之日，自郊礼毕，始扬威武，斩牲于郊东门，以荐陵庙。其仪，乘舆御戎路，白马朱鬣，躬执弩射牲，牲以鹿麛。太宰令谒者各一人，载获车，驰驷送陵庙。还宫，遣使者赍束帛以赐武官。武官肄兵，习战阵之仪。斩牲之礼，名曰貙刘。

按：貙为兽名，刘为杀，杀兽以祭，表示秋来扬武之意。盖秋气肃杀，举此礼以应时节罢！但其后除了迎秋以后，就没有此风了。

立秋在古时大抵如此，似再没有什么以应此佳节的。宋时乃有戴楸叶吃瓜豆咽井水诸风，如宋吴自牧《梦粱录》云：

立秋日，太史局委官吏，于禁廷内以梧桐树植于殿下，俟交立秋时，太史官穿秉奏曰：『秋来。』其时梧叶应声，飞落一二片，以寓报秋意。都城内外侵晨，满街叫卖楸叶。妇人女子及儿童辈争买之，剪如花样，插于鬓边，以应时序。

又如宋范成大《立秋诗》云：

折枝楸叶起园瓜，赤豆如珠咽井花。洗濯烦襟酬节物，安排笑口问生涯。

今各地犹有此风。至何以必须吃豆水的，据明冯应京《月令广义》云：

立秋日，以赤小豆七粒或十四粒，服井华水，面西吞下，一秋不犯痢疾。

此虽迷信之说，也可知吃这些东西是有缘故的。至于瓜，今多为西瓜。考西瓜原产西方，故名。相传五代时胡峤居契丹，始食西瓜，云契丹破回纥，得此种，见《五代史·四夷附录》。惟李时珍《本草纲目》，以为陶弘景言永嘉有寒瓜甚大，可藏至春者，即此瓜，是南朝时已有之。按：清顾禄《清嘉录》云："崔寔《四民月令》，初伏荐麦瓜于祖祢，吴俗则以立秋日荐瓜。而昆、新、常、昭《志》皆云：'立秋日，按时食西瓜。'盖本《豳风》七月食瓜之意也。"是食瓜仅为尝新而已，因为西瓜那时正新上市的。

一六 七夕

Double-Seventh Day

七月七日，俗称七夕，相传为牛郎织女双星相会之日。此说始于汉时，《淮南毕万术》有“乌鹊填河而渡织女”之说，后汉应劭《风俗通》亦有“织女七夕当渡河，使鹊为桥”。至如明罗颀《物原》以为楚怀王初置七夕，尤较汉为早，恐不足信。此外如后汉崔寔《四民月令》(《艺文类聚》引)云：

七月七日曝经书，设酒脯时果，散香粉于筵上，祈请于河鼓织女，言此二星神当会。守夜者咸怀私愿，或云见天汉中有奕奕正白气如地河之波，辉辉有光曜五色，以此为征应，见者便拜乞愿，三年乃得。

除曝经外，其余即后世所谓乞巧，汉时原已如此的。至织女嫁牛郎（即河鼓）的故事，据《荆楚岁时记》注是这样的：

天河之东有织女，天帝之子也，年年织杼劳役，织成云锦天衣。天帝怜其独处，许嫁河西牵牛郎。嫁后遂废织纴，天帝怒，责令归河东，唯每年七月七日夜，渡河一会。

这当然是附会之谈。大约星既有牛郎织女二名，而又隔银河相望，便作此嫁娶的神话。至晋时大略亦复如此，如晋周处《风土记》云：

七月七日，其夜洒扫于庭，露施几筵，设酒脯时果，散香粉于筵上，以祈河鼓、织女。言此二星辰当会，守夜者咸怀私愿，咸云，见天汉中有奕奕白气，有光耀五色，以此为征应，见者便拜，而愿乞富乞寿，无子乞子，唯得乞一，不得兼求，三年乃得言之，颇有受其祚者。

此种乞富乞寿乞子，其实还非真正的乞巧，至南朝时乃确为乞巧，如《荆楚岁时记》(《太平御览》引)云：

是夕，人家妇女结彩缕，穿七孔针；或以金银瑜石为针，陈瓜果于庭中以乞巧。有喜子网于瓜上，则以为符应。

此种所谓穿孔针，方才是真乞巧了。直至现今，此风犹然。或以为如《西京杂记》所说："汉采女尝以七月七日穿针于开襟楼。"此风似始于汉。但《西京杂记》虽题汉刘歆撰，实为六朝人所托的伪书，所以并不可信。惟齐武帝因此起穿针楼，以供七月七日宫人登楼穿针（见《舆地记》）则确是事实了。

因为以喜子（即蜘蛛）为符应，于是至唐世索性捉喜子以为得巧的多少了。如五代王仁裕《开元天宝遗事》云：

帝与贵妃，每至七月七日夜，在华清宫游宴，宫女辈陈瓜花酒馔，列于庭中，求恩于牵牛织女星也。又各捉蜘蛛闭于小盒中，至晓，开视蛛网稀密，以为得巧之候：密者言巧多，稀者言巧少。民间亦效之。

此外唐时又有化生，乃是蜡作的婴儿，唐王建《宫词》所谓“七月七日长生殿，水拍银盘弄化生”，也即明人《岁时纪事》所谓“七夕，俗以蜡作婴儿，浮水中以为戏，为妇人生子之祥，谓之化生。本出于西域，谓之摩睺罗”。实即古之所谓乞子，不过至是更为具体罢了。

至于宋时，又有谷板花瓜果食种生诸物，于是除玩意儿以外，又有吃的东西了，如宋孟元老《东京梦华录》云：

七夕，以小板上傅土，旋种粟令生苗，置小茅屋花木，作田舍家小人物，皆村落之态，谓之谷板。以瓜雕刻成花样，谓之花瓜。以油面糖蜜造为笑靥儿，谓之果食，花样奇巧百端。又又以绿豆小豆小麦贮磁器内，以水浸之，生芽数寸，以红蓝彩缕束之，谓之种生。皆于街心彩幙帐设出络货卖。

按：谷板今广东尚有此风。花瓜今亦有之。果食当即今之所谓巧果。种生即今所谓豆芽，今各地犹有此物以乞巧的，正与古之用针同意。惟乞法不同，系放于水中，以观影的种种。此法似始于明，如明刘侗《帝京景物略》云：

七月七日之午丢巧针。妇女曝盘水日中，顷之水膜生面，绣针投之则浮，看水底针影，有成云物花头鸟兽影者，有成鞋及剪刀水茄影者，谓乞得巧。其影粗如槌，细如丝，直如轴，此拙征矣。

惟仍用针而不用芽，今南京有用草的，亦取其纤细如针之意。至如山东荣成用芽而不用水，则又是一种乞巧法，如《荣成县之迷信》（《中华全国风俗志》引）云：

乞巧之俗，各地皆然，原无足奇，惟荣成县乞巧风俗，有与他处不同者，故摭录之，以备采风者参考焉。七月初一晨间，各家小孩趁朝曦未出时，咸取盅一只，置些许细沙麦子于其中，名曰生巧芽。视麦芽之好歹，定小孩之巧拙。例如须长而密，于是巧立花名，谓之为佛手，为金钱，为富贵不断头，吉语连篇。设根须不甚长密，于是谓小孩蠢拙不堪。或有将巧芽之嫩芽剪下，和糖包以面粉，名曰月芽，男孩做圆月形，女孩做半月形，晚间对月食之，亦乞巧之一事。

此外福建乞巧有用蚕豆，不知用意何在。武昌则于是日为吃星日，户无大小，必纯肉食。以乞为吃，真可谓实惠之至了。至广州之乞巧，则十分热闹，如《广州岁时纪》（同上引）云：

七月初七日，俗传为牵牛织女相会期，一般待字女郎，联集为乞巧会。先期备办种种奇巧玩品，并用通草色纸芝麻米粒等，制成各种花果仕女器物宫室等等，极钩心斗角之妙。初六日陈之庭内，杂以针黹脂粉古董珍玩及生花时果等，罗列满桌，甚有罗列至数十方桌者。邀集亲友，唤招瞽姬（俗称盲妹），作终夜之乐。贫家小户亦必勉力为之，以应时节。初六夜初更时，焚香燃烛，向空礼叩，曰迎仙，自三鼓以至五鼓，凡礼拜七次，因仙女凡七也，曰拜仙。礼拜后于暗陬中持绸丝穿针孔，多有能渡过者，盖取金针度人之意。并焚一纸制之圆盆，盆内有纸制衣服巾履脂粉镜台梳篦等物，每物凡七份，名梳装盆。初七日陈设之物，仍然不移动，至夜仍礼神如昨夕，曰拜牛郎。此则童子为主祭，而女子不与焉。礼神后，食品玩具，馈赠亲友。拜仙之举，已嫁之女子不与会，惟新嫁之初年或明年，必行辞仙礼一次，即于初六夜间礼神时，加具牲醴红蛋酸姜等，取得子之兆；又具沙梨雪梨等果品，取离别之义。又初七日午间，人家之有幼小子女者，咸礼神于檐前，礼毕，燃一小梳装盆，曰拜檐前，祈其子女不生疮疥，俗以檐前之神为蠷螋神也。复有一事，即于是日汲清水贮于坛内密封之，尝久贮不变臭味，曰七月七水，调药治热性疮疥，极有特效。

以一七夕而有如此繁礼缛节，可谓他处所未有的。至七月七日水广西亦有此风，称为双七水云。

一七 中元

Ghost Festival

七月十五日俗称中元节，盖本道家三元(正月半为上元，十月半为下元)之说，也有直称为七月半的。

七月已经入秋，秋为肃杀之候草木多于此时而凋零，人们亦以此时而得疫病为多，因此自古有鬼月之称，而中元也正是一个鬼节。现今各地有于是日打醮或放焰口的，即为超度饿鬼而设。其起源似始于六朝，为道佛二教徒所倡举。按：《道经》有云：

七月十五中元之日，地官校勾搜选人间，分别善恶。诸天圣众普诣宫中，简定劫数，人鬼传录。饿鬼囚徒，一时皆集。以其日作玄都大献于玉京山，采诸花果珍奇异物，幢旛宝盖，清膳饮食，献诸圣众。道士于其日夜讲诵是经，十方大圣齐咏灵篇，囚徒饿鬼俱饱满，免于众苦，得还人中。

此为道家解脱囚徒饿鬼之说。至佛家有《盂兰盆经》(《艺文类聚》引),其说云:

目连比丘见其亡母在饿鬼中,即以钵盛饭,往饷其母。食未入口,化为火炭,遂不得食。目连大叫,驰还白佛。佛言:『汝母罪重,非汝一人奈何,当须十方众僧威神之力。至七月十五日,当为七代父母厄难中者,具百味五果,以著盆中,供养十方大德。』佛敕众僧,皆为施主祝愿七代父母行禅定意,然后受食。是时目连母得脱一切饿鬼之苦。目连白佛:『未来世佛弟子行孝顺者,亦应奉盂兰盆供养,为尔可否?』佛言:『大善。』故后人因此广为华饰,乃至刻木割竹,饴蜡剪彩,模花叶之形,极工巧之妙。

则由目连救母而起，然用意亦为解脱饿鬼。按：盂兰乃梵语，即救倒悬，因为饿鬼的痛苦，正如身体倒挂着一样；又叫放焰口，焰口就是饿鬼因佛家说饿鬼口有火焰，正如目连之母食未入口，化为火炭，放即解放，所以放焰口也就是解脱饿鬼。现在不但中元节要举行，平时丧家也常举行的，无非防他们死去的人做饿鬼的意思。至佛家所以定为七月十五日，据谢承《后汉书》云："佛以癸丑七月十五日托生于净住国摩耶夫人腹中，至周庄王十年甲寅四月八日生。"是此日所以能解脱饿鬼，大约是为佛力无边的原因了。此种当是佛家先为提倡，而后道家亦仿而效之。六朝正是道佛二教隆盛的时代，所以此风当起于六朝，梁宗懔《荆楚岁时记》所谓"七月十五日，僧尼道俗悉营盆供诸佛"其初大约即以盆供而已，至后世则渐事增华，如宋孟元老《东京梦华录》（《御定渊鉴类函》引）云：

中元卖冥器彩衣。以竹斫三脚如灯窝状，亦谓之盂兰盆，挂冥钱衣服在上焚之。

可知宋时又有冥钱冥衣之类，今亦犹然。又如宋吴自牧《梦粱录》云：

中元，地官赦罪之辰，诸宫观设普度醮，与士庶祭拔宗亲。贵家有力者于家设醮，饭僧荐悼，或拔孤魂。僧寺亦于此日建盂兰盆会，率施主钱米，与之荐亡家。市卖冥衣，亦有卖转明菜花油饼酸馅沙馅乳糕丰糕之类。卖麻谷窠儿者，以此祭祖宗，寓预报秋成之意。鸡冠花供养祖宗者，谓之洗手花。此日都城之人，有就家享祀者，或往坟所拜扫者。禁中……赐钱，差内侍往龙山放江灯万盏。州府委佐官就浙江税务厅设斛，以享江海鬼神。

是除打醮建会以外，尚有祭祖扫墓放江灯诸事。今祭祖之风，各地皆有，其实六朝时已有此风，颜之推《颜氏家训》所谓“有时斋供及七月半”是也。扫墓与放江灯则或有或无了。放江灯在后来也叫作“照冥”。

至于现今，各地尚有特殊风俗的，兹举数则于后。《山东荣成县之迷信》(《中华全国风俗志》引)云：

旧历七月望为中元节，是日荣成县人家皆祭祖先。祭品为饽饽、肴馔、水果等物，其不可缺者为西瓜。晚间致祭时，将西瓜割成无数齿，名曰西瓜山。红瓤黑子，布于案上。祭毕，合家分食果品。

又江苏宜兴亦有此风，而另有茄饼。《宜兴之恶俗》(同上引)云：

人家于中元节前，选期祀祖先，俗谓过七月半。所用祭品，多系应时物品。惟有两种特别供品：一为西瓜，必须购备，且需红瓤者，用刀剖成狗齿状；一为茄饼，用麦粉或糯米粉制成，形如半月，馅用青菜或豆沙糖，另取茄子柄，剥去外皮插于饼之一端，故名茄饼。

又如《江苏仪征岁时记》(同上引)云:

七月各街道大兴盂兰盆会。街前后扎灯牌楼，前摆斗香架，后设焰口台，中间布幔，下悬各色粗细灯。其新颖者，则西瓜灯，番瓜灯，雕镂而成，极其精巧。

按:宋时三元本均张灯，至后始罢中元下元，此则犹存宋时之风的，但在他地已很少见了。此外如《江西吉安之中元节》(同上引)云:

年届七月望为中元节。是日居民无论贫富，咸备佳馔祀祖先，且焚化纸锭。而折锭忌孕妇，忌晚间，盖谓孕妇折锭，焚化后鬼举之不动。复有延僧放焰口。众僧喧闹一场，然后将包子水果向台下乱掷，一般迷信者争相拾取。据云妇人抢取包子一个，来年即可得子；小孩抢得包子，一生可不受惊吓，是殊可哂也。

又如《闽人佞鬼风俗记》(同上引)云:

溥度亦名普度,每岁七月中元,必举行一次。普度七日,乃举行出海之典。出海一事,较普度尤为重要。以杉板制一船壳,糊以彩纸。船中陈设极夥,凡人世应用之物,无不备具。又有纸制男女仆婢二十余人,各司其事。此船身长约二丈四尺,宽约四尺二寸。董其事者,预泊船于台中州之大桥下。同时坛董取木桶二,置于神前,顶礼膜拜,至无量数。金鼓杂奏,僧道各念其经咒,遂取猪血、狗血、鸡血、牛血等暨腐败之肠、臭秽之布,种种恶物,杂投其中,然后以神道签字之印条,封贴桶盖,必严必密。彼谓疫鬼皆收容于桶中。至于出海时,鼓乐前导,挑桶飞行。道中如有人触着此桶者,此人必死于疫,故出海时行人远观,无有一人敢逼近而观者。既至大桥下,则置桶于船。时潮方涨足欲退,乃解缆令其随潮出海而去。

此种出海盛典,实为他地所未闻。大约闽人多航海者,借此以禳灾罢!

一八 地藏王生日

Ksitigarbha's Birthday

七月晦日，俗传为地藏王生日，供香烛于地。按：此风于古未闻，似始于明，明陆启浤《北京岁华记》云：

七月晦日为地藏佛诞，供香烛于地。此风辇下亦行之。

按：《本愿经》云：

地藏王初为长者子，见师子佛相好，因问：『作何行愿，而得此相？』佛言：『欲证此身，当须久远脱度受苦众生。』因发愿言：『我今尽未来际，为是罪苦，六道众生，广设方便，尽令解脱。而我自身方成佛道，以是于彼佛前，立斯大愿，于今百千万亿，哪由他劫尚为菩萨！』

是地藏王有救众生的大愿，所以有此供奉罢！但考之佛典，西方实无此风，所以清郭麐《七月晦日诗》有："万百千灯并一炬，幽幽鬼火青如雨。人间哪识那落迦？但闻中有幽冥主。盂兰盆会佛所传，始自弟子目犍连。七月卅日夜灯火，考于彼法无有焉"之说。今各地所举行的，大略如清顾禄《清嘉录》所云：

七月晦日为地藏王生日，骈集于开元寺之殿，酬愿烧香。妇女有『脱裙』之俗，裙以红纸为之，谓曾生产一次者，脱裙一次，则他生可免产厄。点肉身灯，为报娘恩。以纸锭筦纳寺库，为他生资，谓之『寄库』。昏时比户点烛庭阶，谓之『地藏灯』。儿童聚砖瓦成塔，烧赝琥珀屑为戏，俗称『狗屎香』。

地藏王生日

清郭麟《七月晦日诗》有:“万百千灯并一炬,幽幽鬼火青如雨。人间哪识那落迦?但闻中有幽冥主。盂兰盆会佛所传,始自弟子目犍连。七月卅日夜灯火,考于彼法无有焉。”

其中要以点地香为最普遍。此外《南京采风记》(《中华全国风俗志》引)中有"拜香会"之举,《记》云:

七月杪为地藏王诞辰,迷信者创为拜香会,或因己身有病,或子女为父母,或妻为夫病,至庙中许愿。病愈后,至七月时斋戒沐浴(女人则发辫解散),身著罪衣罪裙,手执小凳,凳端燃香一支插之,自家中拜起,拜十年者则十步一拜,五年者五步一拜,三年一年均随其所许而行。

放莲花灯

“七月杪晚间，市镇人家咸须燃碗儿灯。此灯制法亦甚简易，用彩纸剪成荷瓣，糊于碗之周围，碗中置一酒杯，盛油燃以芯，置诸门前，家家如此，亦不知何所取意也。”

而有的地方，就于是晚放河灯。又有碗儿灯，如《江苏泰县时节之风俗》（同上引）云：

七月杪晚间，市镇人家咸须燃碗儿灯。此灯制法亦甚简易，用彩纸剪成荷瓣，糊于碗之周围，碗中置一酒杯，盛油燃以芯，置诸门前，家家如此，亦不知何所取意也。

一九 中秋

Mid-Autumn Festival

八月十五日为中秋，盖以此日正是秋之中，故名。惟宁波则以十六日为中秋，相传为宋史弥远所改，至今犹然。

中秋的盛事为赏月，然此事在唐以前似未如何盛行。如《晋书·谢尚传》(《御定渊鉴类函》引)云：

尚镇牛渚，中秋夕与左右微服泛江。会袁宏于别舫讽咏，声韵清朗，词意藻拔。尚即逆宏舟，吐华达旦。

所见即如此而已，未足以言赏月，更无如今有祭月的事。所以如梁宗懔《荆楚岁时记》，于他节言之颇详，独无中秋赏月之说。至唐时始有中秋赏月之事，如五代王仁裕《开元天宝遗事》云：

苏颋与李乂对掌文诰，明皇顾念之深也，八月十五夜，于禁中直宿，诸学士玩月，备文酒之宴。时长天无云，月色如画。苏曰：『清光可爱，何用灯烛！』遂命撤去。

此外，诗人歌咏中秋月诗颇多，皆足见唐时有此风尚。考唐时对于中秋节如此重视的缘故，大约由于玄宗之游月宫罢！《唐逸史》云：

罗公远，鄂州人。开元中，中秋夜侍明皇于宫中玩月，奏曰：『陛下能从臣月中游否？』乃取拄杖向空掷之，化为大桥，其色如银，请帝同登。约行数十里，精光夺目，寒气侵人，遂至大城阙。公远曰：『此月宫也。』见仙女数百，皆素练霓裳，舞于广庭。帝问曰：『此何曲也？』曰：『霓裳羽衣曲也。』帝密记其声调而回。却顾其桥，随步而灭。旦召伶官，依其声作《霓裳羽衣》之曲。

此说自系神话。《霓裳羽衣曲》本婆罗门曲，乃传自西京，见《唐书》。罗公远《集异记》又作叶法善，《龙城录》又作申天师，自不足信。惟有此神话，使民间对月更见神秘，于是借此时节，互相赏玩的事遂多了。至宋更留连达旦，赏玩不已，如宋吴自牧《梦粱录》云：

八月十五日中秋节，此日三秋恰半，故谓之中秋。此夜月色，倍明于常时，又谓之月夕。此际金风荐爽，玉露生凉，丹桂香飘，银蟾光满，王孙公子，富家巨室，莫不登危楼，临轩玩月。或开广榭，玳筵罗列，琴瑟铿锵，酌酒高歌，以卜竟夕之欢。至如铺席之家，亦登小小月台，安排家宴，团圞子女，以酬佳节。虽陋巷贫窭之人，解衣市酒，勉强迎欢，不肯虚度此夜。天街买卖，直至五鼓。玩月游人，婆娑于市，至晓不绝，盖金吾不禁故也。

然以上所述,仅为赏月,而无如今祭月的事,至明方才有了,如明陆启浤《北京岁华记》云:

中秋之夕,人家各置月宫符像,符上兔如人立,陈瓜果于庭。饼面绘月中蟾兔,男女肃拜烧香,旦而焚之。

至清时有的地方并烧斗香,如吴曼云《江乡节物词》小序云:

杭俗糊纸为斗,炷香其中,高者可二尺许,中秋夜祀月则设之。诗云:『心字烧残寸寸灰,灵香上请月轮开。斗量毕竟人间少,桂粟新收万斛来。』

中秋送瓜

“中秋晚，衡城有送瓜一事。凡席丰履厚之家，娶妇数年不育者，则亲友举行送瓜。”

按：斗香唐时已有，冯贽《云仙杂记》有"曹务光见赵州以斗盆烧乳香十斤，曰财易得，佛难求"。惟形制略异，而也不用于中秋夜的。

中秋又有月饼，为应时的惟一食物亦用以祭月，以作馈赠的礼物。按：宋时已有月饼，见周密《武林旧事·市食》"蒸作从食"类中，但是否专作为中秋的节物，不得而知。明时如田汝成《西湖游览志》云："中秋民间以月饼相遗，取团圆之义。"确为中秋的食物了。

此外现今各地于是日尚有特殊风俗的，如《安徽黟县之中秋节》（《中华全国风俗志》引）云：

八月望为中秋节。是日小儿早起，呼朋唤友，取田中稻草，扎成龙形，糊以色纸。夜间插烛于龙身，游行街市。草龙大小不等，大者十余人共舞，小者一人独舞，锣鼓声喧，爆竹满地，极奔走之热闹。有子之家，令其出与舞龙。无子者将龙首上蜡烛换下，谓可得子，迷信极矣。

又如《湖南衡州风俗记》(同上引)云:

中秋晚，衡城有送瓜一事。凡席丰履厚之家，娶妇数年不育者，则亲友举行送瓜。先数日于菜园中窃东瓜一个，须令园主不知，以彩色绘成面具，衣服裹于其上若人形，举年长命好者抱之，鸣金放爆，送至其家。年长者置东瓜于床，以被覆之，口中念曰：『种瓜得瓜，种豆得豆。』受瓜者设盛筵款之，若喜事然。妇得瓜后，即剖食之，俗传此事最验云。

盖皆为育子而设。其特在中秋节日举行的，大约取如月的团圆之意罢!

二〇 重阳

Double Ninth Festival

重阳亦称重九，以时在九月九日，两九相重，故云。宋吕希哲《岁时杂记》云："九者，老阳之数，九月九日，谓之重阳。道家谓老君九月九日生，取之此也。"是重阳为道家所设。晋时就有种种风俗，如晋周处《风土记》(《御定渊鉴类函》引)云：

九月九日，律中无射，而数九，俗尚此日，折茱萸房以插头，云辟除恶气，而御初寒。

梁宗懔《荆楚岁时记》又云:"九月九日,四民并籍野饮宴。"但如《御览》所云:"汉武帝宫人贾佩兰,九月九日佩茱萸,食蓬饵,饮菊花酒,云令人长寿。盖相传自古,莫知其由。"是汉时已有此风。然《西京杂记》系六朝时人伪托之书,恐未足信。其后又有登高之举。据梁吴均《续齐谐记》云:

汝南桓景,随费长房游学。长房谓之曰:『九月九日,汝南当有大灾厄,急,令家人缝囊盛茱萸系臂上,登山,饮菊花酒,此祸可消。』景如言,举家登山。夕还,见鸡犬牛羊一时暴死。长房闻之,曰:『此可代也。』今世人九日登高饮酒,妇人带茱萸囊,盖始于此。

按：登高之事，最古未尝没有，惟重阳登高，则实始于此。

此外又于是日吃糕。《吕公忌》云："九日天明时，以片糕搭儿女头额，更祝曰，愿儿百事俱高。"此即重阳有糕之意，大约与登高有同一的用意。但如隋杜台卿《玉烛宝典》云："九日食饵，其时黍秫并收，因以黏米加味尝新。"则又似为尝新而作，并没有什么深意的。又糕上插以小旗，此风似始于宋，如宋孟元老《东京梦华录》(同上引)云：

都人重九，各以粉面蒸糕相遗，上插剪彩小旗，糁饤果实，如榴栗银杏松实之类。

又如宋吴自牧《梦粱录》云：

重九，盖九为阳数，其日与月并应，故号曰重阳。今世人以菊花茱萸浮于酒饮之，盖茱萸名辟邪翁，菊花为延寿客，故假此两物服之，以消阳九之厄。年例，禁中与贵家，皆此日赏菊。士庶之家，亦市一二株玩赏。其菊有七八十种，且香而耐久。择其尤者言之，白黄色蕊若莲房者，名曰万龄菊，粉红色者名曰桃花菊，白而檀心者名曰木香菊，纯白且大者名曰喜容菊，黄色而圆名曰金铃菊，白而大心黄者名曰金盏银薹菊，数本最为可爱。兼之此日都人店肆，以糖面蒸糕，上以猪羊肉鸭子为丝簇饤，插小彩旗，名曰重阳糕。禁中各分及贵家为馈送。蜜煎局以五色米粉，搸成狮蛮，以小彩旗簇之，下以熟栗子肉杵为细末，入麝香糖蜜和之，捏为饼糕小段，或如五色弹儿，皆入韵果糖霜，名之狮蛮栗糕。供衬进酒，以应节序。

重阳登高

“九月九日为重阳节，又称重九。萍俗于是日阖境人家，咸备办酒肴，恣意饮嚼。膳后至南门外宝塔岭登高。”

可知除食糕之外，又有赏菊之事。今则各地有用糕的，有用粽的，盖制糕较难，裹粽较易也。

此外现在各地于是日尚有特别风俗的，如《江西萍乡岁时之风俗》（《中华全国风俗志》引）云：

九月九日为重阳节，又称重九。萍俗于是日阖境人家，咸备办酒肴，恣意饮嚼。膳后至南门外宝塔岭登高。此岭下系一长岬，高约二十余丈，下面植柑成林。登高者咸购柑，自山向岬中掷下。一般贫家小儿，争来拾取，因之或起哄斗。掷柑者故意对拾者掷下，借以取乐。盖俗传人有晦运，逢重阳掷柑，若掷中拾柑之人，晦运即可移至彼身。噫！此种心理，害人利己，诚愚之甚也。

然在他地似无有此种迷信之举的。

二 十月朔

Winter Clothes Festival

古时十月有立冬节，天子迎冬于北郊，一如立春立夏立秋之迎春夏秋，视为隆礼。汉时文帝以是日赐百官披袄子，魏时贵贱皆通戴温帽（均见《古今注》），唐时进方平帽（见《清嘉录》），皆示冬至御寒之意。宋时则立冬日之外，更重视十月朔，如宋吴自牧《梦粱录》云：

十月孟冬，正小春之时，盖因天气融和，百花间有开一二朵者，似乎初春之意思，故曰小春。朔日，朝廷赐宰执以下锦，名曰授衣。其赐锦花色，依品从给赐。百官入朝起居，衣锦袄三日。士庶以十月节，出郊扫松祭祀坟茔。太庙享新，以告冬朔。诸大刹寺院，设开炉斋供。贵家新装暖阁，低垂绣幕，老稚团圉，浅斟低唱，以应开炉之序。立冬日，朝廷差官祀神州地祇，天神太乙。十五日水官解厄之日，宫观士庶，设斋建醮，或解厄，或荐亡。

按：此“赐宰执以下锦”，即汉立冬赐袄子之意，可知宋时已移其俗于十月朔，而立冬则仅祀神祇而已，无足为重。又十五日为下元，宋初亦如上元中元举行灯市，后罢。今各地犹重视十月朔及下元二节，而立冬却没有人注意了。如清顾禄《清嘉录》云：

十月朔，俗称十月朝。官府祭郡属坛，游人集山塘，看无祀会。间有墓祭如寒食者。人无贫富，皆祭其先，多烧冥衣之属，谓之烧衣节。或延僧道作功德，荐拔新亡，至亲亦往拜灵座，谓之新十月朝。

此盖并十月朔下元两节而并行的，所以祭墓以外，又有荐亡。今各地亦有合有分的。所谓无祀会，大抵为城隍，各地多有于清明、七月半、十月朔举行的。惟江苏东台却以是日为苍蝇回里之日，殊为奇闻。《东台时节之风俗》(《中华全国风俗志》引)云：

十月朔，俗称为苍蝇回里之日。是日东台无论贫富人家，咸有食红饭之举，红饭即用糯米与赤豆煮成。煮熟后，先盛红饭一碗、水一杯置厨下，其意盖为苍蝇饯行也。口中喃喃祝道：『明年再来！』祝毕，将红饭合家食之，或馈亲友。

祝苍蝇“明年再来”，真可谓奇俗之至，岂苍蝇亦有可爱的地方吗？又贵州盘县，则以是日为牛王神生日，《盘县十月朔之俗》（同上引）云：

十月朔，俗传为牛王神生日。乡农各寨，捐资举牛王大会。爆竹之声，各寨相应，极一时之喧闹。各家并出新糯米制饼（俗名巴巴），先取一团喂牛，一团拄牛角上，牵之至河畔饮水。俗传牛饮时于影中见角上之饼，格外喜悦，知人酬其劳也。然后将余饼分送城内亲友，借答中秋受其果饼之情，为投桃报李之意。

亦为他处所未有的。

二二 冬至

Winter Solstice

冬至 冬至在古时被认为是重要的节日，《周礼》有“祀昊天上帝于圜丘”之说……《淮南子》有“冬至日，天子率三公九卿迎岁”。当时朝贺享祀，皆如元日之仪。

冬至又称长至，以冬至日极南，影极长；又称长日，以冬至以后，日长一日；又称至日亦长至之意；至今则又称为冬节。

冬至在古时被认为是重要的节日，《周礼》有“祀昊天上帝于圜丘”之说，注谓：“冬至日祀五方帝及日月星辰于郊坛。”《淮南子》有“冬至日，天子率三公九卿迎岁”。当时朝贺享祀，皆如元日之仪，至魏晋始稍亚于元日，见《宋书·礼志》。然在宋时仍有视之如年节的，如宋周密《武林旧事》云：

冬至，朝廷大朝会，庆贺排当，并如元正仪。而都人最重一阳，贺冬车马，皆华整鲜好，五鼓已填拥杂遝于九街，妇人小儿，服饰华炫，往来如云。岳祠城隍诸庙炷香者尤盛。三日之内，店肆皆罢市，垂帘饮博，谓之做节。享先则以馄饨，有冬馄饨年馂饦之谚。贵家求奇，一器凡十余色，谓之百味馄饨。

《武林旧事》云："冬至，朝廷大朝会，庆贺排当，并如元正仪。而都人最重一阳，贺冬车马，皆华整鲜好，五鼓已填拥杂遝于九街，妇人小儿，服饰华炫，往来如云。"

冬至

而吴俗更有“冬至大如年”之说，如周遵道《豹隐纪谈》所云：“吴俗重冬至节，曰肥冬瘦年，互送节物。”是比年节还更重视的。此风至清犹然，清顾禄《清嘉录》云：

郡人最重冬至节，先日亲朋各以食物相馈遗提筐担盒，充斥道路，俗呼冬至盘。节前一夕，俗呼冬至夜。是夜人家更速燕饮，谓之节酒。女嫁而归宁在室者，至是必归婿家。家无大小，必市食物以享先。间有悬挂祖先遗容者。诸凡仪文加于常节，故有『冬至大如年』之谚。蔡云《吴歈》云：『有几人家挂喜神，匆匆拜节趁清晨。冬肥年瘦生分别，尚袭姬家建子春。』至日为冬至朝，士大夫家拜贺尊长，又交相出谒。细民男女，亦必更鲜衣以相揖，谓之拜冬。

盖诚如蔡氏所咏，“尚袭姬家建子春”之风，盖周时以夏历十一月为正月，冬至无异是元旦了。又宋陆游《老学庵笔记》云：“《太平广记》有《卢顼传》云，是夕冬至除夜，乃知唐人冬至前一日亦谓之除夜。”似更俨然以冬至如元旦了。

冬至古时除贺节外，尚有进履袜，作赤豆粥的。进履袜乃履长之意，汉崔骃《冬至袜铭》所谓：“阳升于下，日永于天，长履景福，至千亿年。”魏曹植《冬至献袜表》所谓：“冬至献履贡袜，所以迎福践长。”后世遂为冬至妇女进舅姑的一种节物。至赤豆粥则见于梁宗懔《荆楚岁时记》，云：“共工氏有不才之子，以冬至日死，为疫鬼，畏赤小豆，故冬至日作赤豆粥以禳之。”后已无此风了。惟汉崔寔《四民月令》，云“冬至荐黍糕于祖祢”，今则犹有此风，即普通所谓团子。《清嘉录》所谓：“比户磨粉为团，以糖肉菜果豇豆沙芦菔丝等馅，为祀先祭灶之品，并以馈贻，名曰冬至团。”这也就是宋时吃馄饨的意思。此外各地尚有特殊的风俗，如

《杭州冬至之陋俗》(《中华全国风俗志》引)云：

冬至前一日，阖境人家，都购包头鱼几尾，全家大小分食，惟鱼之头尾，必留下勿食，用碗盛妥放米桶中，谓曰『吃剩有余』，意取经济宽裕，食物丰多。此俗由来已久，但始于何时，未能考察耳。复有一桩趣事，人家用猪肉和酱烧熟之，称食为冬至肉。其实此肉亦平常肴馔，别无奇特，而俗传吃过冬至肉，能身体强健，其与初伏日杀鸡大嚼，同一笑谈也。

又搓作粉团，福建却有一种传说，如《闽省岁时风俗记》(同上引)云：

冬至节时，福建有搓丸之俗。考此风之由来，盖往时有一樵者，至山樵采，失足坠涧中。涧极深，无人救援，不能出险。且深山路绝人稀，樵者呼救，力竭声嘶，亦无援之者。樵者居涧中，食黄精姜得免饿毙。历十余年，遍体生毛，身轻能飞，于是高飞出涧还家，性状全变。家人呼之不应，乃用糯米粉和水成丸，与樵者食，樵者以为黄精姜，食之渐还本性，家人因以团聚。而自此相沿成习，遂有搓丸之风矣。

然此乃当地人附会之辞，只作为吃粉团的神话而已。

二三 腊日

Laba Rice Porridge Festival

俗以十二月八日为腊日，亦称腊八。按：腊为岁终的祭名，汉蔡邕《独断》所谓："腊者，岁终大祭，纵吏民宴饮，非迎气，故但送不迎也。"又汉应劭《风俗通》云："礼传曰，夏曰嘉平，殷曰清祀，周曰大蜡，汉改曰腊。腊者猎也，言田猎取兽祭先祖也。或曰腊接也，新故交接，故大祭以报功也。"然腊虽在岁终，而古时日期无定，如隋杜台卿《玉烛宝典》云："汉以戌日为腊，魏以辰，晋以丑。"今以十二月八日为腊八者，实与古之腊祭无关，而为佛家之说。惟六朝亦确有以十二月八日为腊日的，如梁宗懔《荆楚岁时记》云："十二月八日为腊日。谚语：'腊鼓鸣，春草生。'村人并击细腰鼓，戴胡头，及作金刚力士以逐疫。"至宋，如吴自牧《梦粱录》云：

自冬至后戌日，数至第三戌，便是腊日，谓之君王腊。此月八日，寺院谓之腊八，大刹等寺俱设五味粥，名曰腊八粥，亦设红糟，以麸乳诸果笋芋为之供僧，或馈送檀施贵宅等家。

按：以冬至后第三戌为腊日，此即汉制。可知宋时腊日是腊日，腊八是腊八。今岁终尚有送年或谢年之举，一面祭神，一面祭祖，据清顾禄《清嘉录》云：

十二月择日，悬神轴，供佛马，具牲醴糕果之属，以祭百神。神前开炉炽炭，俗呼圆炉炭。锣鼓敲动，街巷相闻。送神之时，多放爆竹，有单响、双响、一本万利等名。或有买编成百千小爆，焠之连声不绝者，名曰报旺鞭，谓之过年，云答一岁之安，亦名谢年。案：许慎《说文解字》：『冬至后三戌为腊，腊祭百神。』汉应劭《风俗通》云：『腊者接也，新故交接，故大祭以报功也。』

则正是古腊祭的遗意，然日期无定，不复在戌日了。此外古时于腊日为藏钩之戏，如晋周处《风土记》云：

义阳腊日，饮祭之后，叟妪儿童为藏钩之戏。分为二曹，以校胜负。若人偶即敌对，人奇则使一人为游附，或属上曹，或属下曹，以为飞鸟，以齐二曹入数。一钩藏在数手中，曹人当射知所在，一藏为一筹，三筹为一都。

按：此戏据《辛氏三秦记》，谓为汉昭帝母钩弋夫人所起。今虽有其戏，但已不限于腊日了。

二四 祀灶日

Kitchen God Worshipping Day

十二月二十三为祀灶日，亦有在二十四日的。按：祀灶为古五祀（门户行灶中霤）之一，其日期原无一定。《礼》有“孟夏之月其祀灶”，汉班固《白虎通》以为：“夏祭灶者，火之主，人所以自养也，夏亦火王，长养万物。”是古时于夏时举行。今各地一岁之中，祭灶之日甚多，惟最着重者则为岁终。汉时有于腊日祭祀的，如《后汉书·阴识传》云：

宣帝时，阴子方者至孝有仁恩，腊日晨炊，而灶神形见。子方再拜受庆，家有黄羊，因以祀之。自是已后，暴至巨富，田有七百余顷，舆马仆隶，比于邦君。子方常言我子孙必将强大，至识三世，而遂繁昌，故后常以腊日祀灶而荐黄羊焉。

然腊日日期无定。且此文仅及阴氏一家，他家恐未必如此的。至晋周处《风土记》，始云："腊月二十四日夜祀灶，谓灶神翌日上天，白一岁时事，故先一日祀之。"则此风似始于六朝，在前未有的，不知是否即受阴氏的影响。然阴氏所祀为黄羊，六朝时所祀为何物，不得而知。宋时则用蔬菜饧豆，已与今制全同。宋吴自牧《梦粱录》所谓："二十四日，不以穷富，皆备蔬食饧豆祀灶。此日市间及街坊，叫卖五色米食、花果、胶牙饧、箕豆，叫声鼎沸。"其后祭法更多，如清顾禄《清嘉录》云：

俗呼腊月二十四夜为念四夜。是夜送灶，谓之送灶界。比户以胶牙饧祀之，俗称糖元宝。又以米粉裹豆沙馅为饵，名曰谢灶团。祭时妇女不得预。先期僧尼分贻檀越灶经，至是填写姓氏，焚化禳灾。篝灯载灶马，穿竹筋作杠，为灶神之轿，舁神上天，焚送门外，火光如昼。拨灰中篝盘未烬者，还纳灶中，谓之接元宝。稻草寸断，和青豆为神秣马，具撒屋顶，俗呼马料豆。以其余食之，眼亮。

其所以要用胶牙饧(按：为糖的一种，今亦称灶果)，据说是胶灶神的口，使在天上少说恶事。而河南沘源(今河南唐河县——编者注)于祀灶时尚有以雄鸡为灶马的，如《沘源县之祀灶》(《中华全国风俗志》引)云：

旧历腊月二十三日，俗谓小年节。是晚各村各户，无不祀灶神者，名曰祭灶。主祭之人，必为家长。礼拜时身后跪一幼童，双手抱一雄鸡，名曰灶马。家长叩头毕，向灶神祷祝数语。祝毕，一手握雄鸡之颈，将鸡头向草料内推送三次，一手将凉水向鸡头倾洒。鸡若惊战，便谓灶神将马领受。祭毕晚餐。食时豆腐汤为不可少之物，并食祭神时之灶火烧(即烧饼)谓之过小年节。

可谓他地所未有的。其以祀灶日为小年节，今各地亦多有此说。宋时谓之交年。盖从此日以后，家家都须办年夜的事，预备过年了。

二五 除夕

Spring Festival

新年好

除夕亦称除夜，今又称为大年夜。汉高诱注《吕氏春秋·季冬纪》云："前岁一日，击鼓驱疫疠之鬼，谓之逐除，亦曰傩。"除夕之称，大约由此而来。今亦称除夕前一日为小除，除夕为大除，唐时如韩鄂《岁华纪丽》所云，亦称为大尽小尽。

按：岁除驱鬼，今各地有行有不行。汉时于腊前一日举行，如《后汉书·礼仪志》云："先腊一日大傩，谓之逐疫。讫，设桃梗郁儡苇茭。"据注云：

《山海经》曰：『东海中有度朔山，上有大桃树，蟠屈三千里，其卑枝门曰东北鬼门，万鬼出入也。上有二神人，一曰神荼，一曰郁儡，主阅领众鬼之恶害人者，执以苇索，而用食虎。』于是黄帝法而象之。驱除毕，因立桃梗于门户上，画郁儡持苇索以御凶鬼，画虎于门，当食鬼也。《风俗通》曰：『黄帝上古之时，有神荼与郁儡昆弟二人，性能执鬼。』桃梗，梗者更也，岁终更始，受介祉也。虎者阳物，百兽之长，能击鸷，性食鬼魅者也。

除夕 今亦称除夕前一日为小除，除夕为大除，唐时如韩鄂《岁华纪丽》所云，亦称为大尽小尽。

按：神荼郁儡(亦作垒)，读如伸舒郁律，实即今门神所由起，是在除夕贴于门上的。但又有说是古勇士成庆。如清恽敬《大云山房杂记》云："《汉书·广川王去疾传》，殿门画成庆，短衣大袴长剑。此门神之始。"或有指为唐的秦琼与尉迟恭，如清顾禄《清嘉录》云："夜分易门神，俗画秦叔宝尉迟敬德之像，彩印于纸，小户贴之。案：家雪亭《土风录》云，俗多用秦叔宝尉迟敬德，盖本唐小说也。"至于桃梗苇索，六朝犹有此风，如梁宗懔《荆楚岁时记》云："正月一日，悬苇索于户上，插桃符其旁，百鬼畏之。"又云："造桃板著户，谓之仙木。"后世于桃板写以联语，即今春联的滥觞。按：宋黄休复《茆亭客话》云：

先是蜀主每岁除日，诸宫门各绘桃符一对，俾题元亨利贞四字。时伪太子善书札，选本宫策勋府桃符，亲自题曰『天垂余庆，地接长春』八字，以为词翰之美。

又《蜀梼杌》亦载孟昶自题桃符板云："新年纳余庆，嘉节号长春。"是春联实始于五代，惟其时犹用符板，至宋始有用纸。如宋周必大《玉堂杂纪》云：

除日，更春帖柱联门额，于堂轩楣枋，贴福禄寿一财二喜等字。习二教者，于门衡贴阿弥陀佛，及九天应玄雷声普化天尊，又佛咒悉怛多般怛那等语。

则不但门联，连堂轩楣枋也有贴了。按：古于立春有贴“宜春”二字，晋傅咸《燕赋》所谓“淑青书以赞时，著宜春之嘉祉”是也。此亦盖仿宜春之例，以取吉祥之意。至今此风犹然，不过移立春于新正而已。自明以后，因传明太祖除夕曾传旨公卿士庶门上须加春联一副，于是家家户户皆有春联了。

此外除夕又有种种仪节，如晋周处《风土记》云：

蜀之风俗，晚岁相与馈问，谓之馈岁。酒食相邀，谓之别岁。至除夕达旦不眠，谓之守岁。……祭先竣事，长幼聚饮，祝颂而散，谓之分岁。

除夕

古于立春有贴“宜春”二字……至今此风犹然，不过移立春于新正而已。自明以后，因传明太祖除夕曾传旨公卿士庶门上须加春联一副，于是家家户户皆有春联了。

其实不但蜀地如此，至今各地亦复如是的。宋时如周密《武林旧事》云：

至除夕，则比屋以五色纸钱酒果，以迎送六神于门。至夜，蕡烛䊀盆，红映霄汉。爆竹鼓吹之声，喧阗彻夜，谓之聒厅。小儿女终夕博戏不寐，谓之守岁。又明灯床下，谓之照虚耗。及贴天行帖儿财门于楣。祀先之礼，则或昏或晓，各有不同。如饮屠苏，百事吉，胶牙饧，烧术，卖懵懂等事，率多东都之遗风焉。

按：六神为六丁六甲之神，皆天神名。蒉烛当是燃烛之意，今俗各地亦有守岁烛，燃可通夕。按：孟浩然诗有："续明催画烛，守岁接长筵。"是唐时已有此风。又据《纪闻》云：

唐贞观初，天下乂安，时属除夜，太宗盛饰宫掖，明设灯烛，盛奏乐歌，乃延萧后观之。后曰："隋主淫侈，每除夜殿前诸院，设火山数十，爇沉香木根，每一山焚沉香数车。火光暗，则以甲煎沃之，焰起数丈，香闻数十里。"

是隋时又有焚沉香的，今虽不如当时的火山，然各地燃香与燃烛，固是一例的。至于粈盆，即烧松盆，清顾禄《清嘉录》云：

二十五夜，乡农人家各于门首架松柴成井字形齐屋，举火焚之，烟焰烛天，烂如霞布，谓之烧松盆。案：王《志》云：『二十五夜各燃火炉于门外，焰高者喜，古谓之粈盆，俗云相暖热。』

其所异者，惟不在除夕举行而已。此外《清嘉录》又云：

祀先之礼，相沿用昏，俗呼大年夜；或有用除夕前一夕者，谓之小年夜，又曰小除夕，俗又称呼之为大年小夜。旧俗，鸡且鸣，持杖击灰积，致词以献利市，名曰打灰堆。又小儿绕街呼嗷云：『卖汝痴，卖汝呆。』世传吴人多呆，故儿女辈戏欲卖之，今皆不传。惟是夜家户储水于厨下，埋炭堑于铲，不使焰熄，置寝室中，谓之种火。焚辟瘟丹苍术诸药，谓之太平丹。街坊爆竹之声，铿鍧不绝。

据此所述，则与宋时有传有不传，可以略见一斑了。又有压岁钱的，《清嘉录》所谓："长幼度岁，长者贻小儿，以朱绳缀百钱，谓之压岁钱。"而不详其所自。考《武林旧事》述："岁除禁中后妃诸阁，各进岁轴儿及诸翠百事吉，利市袋儿，小样金银器皿，并随年金钱一百二十文。"此年金钱性质实如后世的压岁钱，赐于后妃，亦犹长者赐于幼者。惟当时民间是否如此，不得而知，但上行下效，恐怕也不免的，是宋时已有此风了。

到了现今，各地除夕度岁，大率也不外如此。惟尚有几处风俗，为各地所罕闻的，兹摘述数则，以广见闻。如《河南沘源县之除夕》（《中华全国风俗志》引）云：

除夕，中等之家，用红纸裹木炭两根，置诸门框两旁；贫穷之家以棍一条，置诸门槛外，谓之拦门杠。盖俗传一届年节，诸鬼怪相率出外，向人家索食，若见此杠，便不挥自去。院内竖桅杆，上悬灯笼，谓之天灯。相传昔有九头恶鸟，为二郎神杨戬斩去一头，常年滴血，每至除夕，即出而飞鸣，其血滴于谁家院内，其家必遭祸事，惟见有灯光，则远避去。此根据《西游记》之传说也。

又如《南京采风记》(同上引)云:

除夕谓众神下界。又有独足神至人家床榻散病，是晚帏则必须早垂，以免受其侵害。又是夜接灶神回室，先置豆腐一块于釜上。俗谓诸神见是家惟有豆腐在釜，其家必奇贫，冀神生怜悯之心，次年佑之使富，殊可笑也。

又如《江苏泰县时节之风俗》(同上引)云:

除夕日，各家咸购石灰，及至夜间，将石灰放蒲包内，将家中各处满地印成蒲包印，称为元宝墩，殊可笑也。至安寝时，将鞋底朝上，鞋口朝下，俗传是夜神人下界降灾，使神降灾于鞋底上。诘朝起身，著鞋奔数步，灾即脱落，是更足发噱矣。

又如《安徽婺源度岁风俗谈》(同上引)云:

婺源人于坐年之夕，有吃年汤之俗。当夕焚香祀祖后，家人齐集厨房内，有调粉者，有切菜者。俟至夜分约十一句钟时，将备就之猪头放入锅中，加汤煮之。煮熟后，用铁铲捞起，放入他器中，再将所调之粉，搅入猪头汤中，更将肉丁、冬笋丁、香料等使成糊状，然后盛之以碗盏，合家团聚而食。又将猪头切成薄片，和年汤同食。吃时愈吃得多愈好。然油腻过重，往往染成泻疾也。

至于其他迷信之举，则述不胜述，此特举其较著者而已。

附录

Appendix

一 气候集解

夫七十二候，吕不韦载于《吕氏春秋》，汉儒载于《礼记·月令》，与《六经》同传不朽。后魏载之于历，欲民皆知以验气序。然其禽兽草木多生北方，盖以汉前之儒皆江北者也，故江南老师宿儒亦难尽识；况陈澔之注多为谬说，而康成颖达亦有讹处。予因是广取诸家之说，并《说文》《埤雅》诸书，而又询之农牧，似得所归，然后并将二十四气释之于藁，以俟博识者鉴焉。

立春正月节 立，建始也，五行之气往者过来者续，于此而春木之气始至，故谓之立也。立夏秋冬同。

东风解冻 冻结于冬，遇春风而解散。不曰春而曰东者，《吕氏春秋》曰："东方属木。"木，火母也，火气温，故解冻。

蛰虫始振 蛰，藏也；振，动也。蛰藏之虫，因气至而皆苏动之矣。鲍氏曰:“动而未出,至二月乃大惊而走也。”

鱼涉负冰 涉,升也,鱼当盛寒,伏水底而逐暖,至正月阳气至,则上游而近冰,故曰负。

雨水正月中 天一生水,春始属木,然生木者必水也,故立春后继之雨水;且东风既解冰,则散而为雨水矣。

獭祭鱼 獭一名水狗,贼鱼者也。祭鱼,取鱼以祭天也。所谓豺獭之报本岁始,而鱼上游,则獭初取以祭。徐氏曰:“獭祭圆铺,圆者水象也;豺祭方铺,方者金象也。”

候雁北 《礼记·月令》《汉书》作鸿雁北。雁,知时之鸟,热归塞北,寒来江南,沙漠乃其居也。孟春阳气既达,候雁自彭蠡而北矣。

草木萌动 天地之气交而为泰,故草木萌生发动矣。

惊蛰二月节 《夏小正》曰:“正月启蛰。”言发蛰也。万物出乎震,震为雷,故曰惊蛰,是蛰虫惊而出走矣。

桃始华 《吕氏春秋》作桃李华。桃果名,花色红,是月始开。

仓庚鸣　庚亦作鹒，黄鹂也，《诗》所谓“有鸣仓庚”是也。《章龟经》曰：“仓，清也；庚，新也。感春阳清新之气而初出，故名。”其名最多，《诗》曰黄鸟，齐人谓之搏黍，又谓之黄袍，儒家谓之金衣公子，其色鵹黑而黄，又名鵹黄，谚曰“黄栗留黄莺”，莺儿，皆一种也。

鹰化为鸠　鹰鸷鸟也，鹞鹯之属。鸠即今布谷。《章龟经》曰：“仲春之时，林木茂盛，鹰喙尚柔，不能捕鸟，瞪目忍饥，如痴而化，故名曰鸤鸠。”《王制》曰：“鸠化为鹰。”秋时也。此言鹰化为鸠，春时也，以生育肃杀气盛，故鸷鸟感之而变耳。孔氏曰：“化者反归旧形之谓。”故鹰化为鸠，鸠复化为鹰，如田鼠化为鴽，则鴽又化为田鼠。若腐草为萤，雉为蜃，爵为蛤，皆不言化，是不再复本形者也。

春分二月中　分者半也，此当九十日之半，故谓之分。秋同义。夏冬不言分者，盖天地间二气而已。方氏曰：“阳生于子终于午，至卯而中分，故春为阳中，而仲月之节为春分,正阴阳适中,故昼夜无长短云。"

玄鸟至　玄鸟,燕也。高诱曰:"春分而来,秋分而去也。"

雷乃发声　阴阳相薄为雷。至此四阳渐盛,犹有阴焉,则相薄乃发声矣。乃者,《韵会》曰:"象气出之难也。"注疏曰:"发犹出也。"

始电　电,阳光也。四阳盛长,值气泄时而光生焉,故《历解》曰:"凡声阳也,光亦阳也。"《易》曰:"雷电合而章。"《公羊传》曰"电者雷光"是也。徐氏曰:"雷阳电阴"非也,盖盛夏无雷之时,电亦有之可见矣。

清明三月节　按:《国语》曰:"时有八风。"历独指清明风为三月节,此风属巽故也。万物齐乎巽,物至此时,皆以洁齐而清明矣。

桐始华　桐木名,有三种:华而不实者曰白桐,《尔雅》所谓荣桐木是也;皮青而结实者曰梧桐,一曰青桐,《淮南子》曰"梧桐断角"是也,生于山冈;子大而有油者曰油桐,《毛诗》所谓梧桐不生山冈者是也。今始华者,乃白桐耳。按:《埤雅》:"桐木知日月闰年,每一枝生十二叶，闰则生十三叶，与天地合气者也。”今造琴瑟者以花桐木，是知桐为白桐也。

田鼠化为鴽 按：《尔雅》注曰：“鼢鼠形大如鼠，头似兔，尾有毛，青黄色，好在田中食粟豆，谓之田鼠。”《本草素问》曰：“鴽，鹑也，似鸽而小。”今《说文》注鴽曰鹌母，盖青州呼鷂（音“安”）鹑为鹌母。鲍氏曰：“鼠阴类，鴽阳类，阳气盛故化为鴽，盖阴为阳所化也。”

虹始见 虹，虹蜺也，《诗》所谓蝃蝀，俗谓之蚯也，注疏曰：“是阴阳交会之气。”故先儒以为云薄漏日，日照雨滴，则虹生焉。今以水噀日自侧视之，则晕为虹。朱子曰：“日与雨交，倏然成质，阴阳不当交而交者，天地淫气也。”虹为雄，色赤白，蜺为雌，色青白，然二字皆从虫，《说文》曰：“似蝃蝀状。”诸书又云：“尝见虹入溪饮水，其首如驴。”恐天地间亦有此种物也；但虹气似之，借名也。

谷雨三月中 自雨水后，土膏脉动，今又雨其谷于水也。雨读作去声，如雨我公田之雨，盖谷以此时播种，自上而下也，故《说文》云:“雨本去声。”今风雨之雨在上声，雨下之雨在去声也。

萍始生 萍，水草也，与水相平，故曰萍；漂流随风，故又曰漂。《历解》曰:“萍阴物，静以承阳也。”

鸣鸠拂其羽 鸠即鹰所化者，布谷也。拂，过击也。《本草》云:“拂羽飞而翼拍，其身气使然也。”盖当三月之时，趋农急矣，鸠乃追逐而鸣鼓，羽直刺上飞，故俗称布谷。

戴胜降于桑 戴胜一名戴鵀，《尔雅注》曰:“头上有胜毛。”此时恒在于桑，盖蚕将生之候矣。言降者重之，若天而下，亦气使之然也。

立夏四月节 立字解见春。夏，假也，物至此时皆假大也。

蝼蝈鸣 蝼蝈小虫，生穴土中，好夜出，今人谓之土狗是也，一名蝼蛄，一名硕鼠，一名螜(音“斛”)，各地方言之不同也。《淮南子》曰:“蝼蝈鸣，蚯蚓出，阴阳始而二物应也。”《夏小正》“三月螜则鸣”是也。且有五能，不能成一技，飞不能过屋，缘不能穷木，泅不能渡谷，穴不能复身，走不能先人，故《说文》称："鼫为五技之鼠。"《古今注》又以"蝼名鼫鼠" 可知。《埤雅》《本草》俱以为臭虫，陆德明郑康成以为蛙，皆非也。

蚯蚓出　蚯蚓即地龙也，俗名曲蟺。《历解》曰："阴而屈者，乘阳而伸见也。"

王瓜生　《图经》云："王瓜处处有之，生平野田宅及墙垣，叶似栝楼乌药，圆无丫，缺有毛，如刺蔓，生五月，开黄花，花下结子如弹丸，生青熟，赤根似葛，细而多糁，又名土瓜，一名落鸦瓜，今药中所用也。"《礼记》郑玄注曰："即萆挈。"《本草》作菝葜。陶隐居以辨其谬，谓菝葜自有本条，殊不知王瓜亦自有本条，先儒当时如不检书而谩言者可笑。

小满四月中　小满者，物至于此，小得盈满。

苦菜秀　《埤雅》以荼为苦菜，《毛诗》曰"谁谓荼苦"是也。荼即茶也，故《韵会》茶注，本作荼。鲍氏曰："感火之气而苦味成。”《尔雅》曰:“不荣而实者谓之秀,荣而不实者谓之英。”此苦菜宜言英也。蔡邕《月令章句》以谓苦荬菜,非。

靡草死　郑康成、鲍景翔皆云:“靡草,葶苈之属。”《礼记注》曰:“草之枝叶而靡细者。”方氏曰:“凡物感阳而生者则强而立,感阴而生者则柔而靡。”谓之靡草,则至阴之所生也,故不胜至阳而死。

麦秋至　秋者百谷成熟之时,此于时虽夏,于麦则秋,故云麦秋也。

芒种五月节　谓有芒之种,谷可稼种矣。

螳螂生　螳螂,草虫也。饮风食露,感一阴之气而生,能捕蝉而食,故又名杀虫;曰天马,言其飞捷如马也;曰斧虫,以前二足如斧也;尚名不一,各随其地而称之。深秋生子于林木间,一壳百子,至此时则破壳而出,药中桑螵蛸是也。

䴗始鸣　䴗,百劳也,《本草》作博劳。朱子《孟注》曰:“博劳,恶声之鸟,盖枭类也。”曹子建《恶鸟论》:“百劳以五月鸣，其声䴗䴗然，故以立名。”似俗称浊温，故《埤雅·禽经注》云：“百劳不能翱翔，直飞而已。”《毛诗》曰：“七月鸣䴗。”盖周七月夏五月也。

反舌无声 诸书以为百舌鸟，以其能反复其舌，故名。特《注疏》以为虾蟆，盖蛙属之舌尖向内，故名之；今辨其非者，以其此时正鸣，不知失考也。《易通卦验》《丹铅馀录》俱即名为虾蟆，无声，若以五月正鸣，殊不知初旬见形后，形亦藏矣。陈氏曰：“螳螂、䴗皆阴类，感微阴而或生或鸣，反舌感阳而发，遇微阴而无声也。”

夏至五月中 《韵会》曰：“夏，假也；至，极也；万物于此皆假大而至极也。”

鹿角解 鹿形小，山兽也，属阳，角支向前，与黄牛一同。麋形大，泽兽也，属阴，角支向后，与水牛一同。夏至一阴生，感阴气而鹿角解，解角退落也。冬至一阳生，麋感阳气而角解矣。是夏至阳之极，冬至阴之极也。

蜩始鸣 《月令》《注疏》作蝉始鸣。蜩，蝉之大而黑色者，蜣螂脱壳而成，雄者能鸣，雌者无声，今俗称知了是也。按：蝉乃总名，鸣于夏者曰蜩，即《庄子》云“蟪蛄不知春秋”者是也，盖蟪蛄夏蝉，故不知春秋；鸣于秋者曰寒蜩，即《楚辞》所谓寒螿也。故《风土记》曰：“蟪蛄鸣朝，寒螿鸣夕。”今秋初夕阳之际，小而绿色，声急疾者，俗称都了是也。故《埤雅》各释其义。然此物生于盛阳，感阴而鸣。

半夏生　半夏，药名，居夏之半而生，故名。

小暑六月节　《说文》曰：“暑，热也。”就热之中分为大小，月初为小，月中为大，今则热气犹小也。

温风至　至，极也。温热之风，至此而极矣。

蟋蟀居壁　蟋蟀一名蛬，一名蜻蛚，即今之促织也。《礼记注》曰：“生土中。”此时羽翼稍成，居穴之壁，至七月则远飞而在野矣；盖肃杀之气初生则在穴，感之深则在野而斗。

鹰始挚　《礼记》作鹰乃学习。挚，搏击也。应氏曰：“杀气未肃，鸷猛之鸟始习于击，迎杀气也。”

大暑六月中　解见小暑。

腐草为萤　曰丹良，曰丹鸟，曰夜光，曰宵烛，皆萤之别名。离明之极则幽阴，至微之物亦化而为明也。《毛诗》曰："熠燿宵行。"另一种也，形如米虫，尾亦有火。不言化者，不复原形，解见前。

土润溽暑　溽，湿也。土之气润，故蒸郁而为湿。暑，俗称龌龊热是也。

大雨时行　前候湿暑之气蒸郁，今候则大雨时行以退暑也。

立秋七月节　立字解见春。秋，揪也，物于此而揪敛也。

凉风至　《礼记》作盲风至。西方凄清之风曰凉风，温变而凉气始肃也。《周语》曰"火见而清风戒寒"是也。

白露降　大雨之后，清凉风来，而天气下降，茫茫而白者，尚未凝珠，故曰白露降，示秋金之白色也。

寒蝉鸣　寒蝉，《尔雅》曰："寒蜇，蝉小而青紫者。"马氏曰："物生于暑者，其声变之矣。"

处暑七月中　处，止也，暑气至此而止矣。

鹰乃祭鸟　鹰，义禽也，秋令属金，五行为义。金气肃杀，鹰感其气，始捕击诸鸟。然必先祭之，犹人饮食祭先代为之者也。不击有胎之禽，故谓之义。

天地始肃　秋者，阴之始，故曰天地始肃。

禾乃登　禾者，谷连藁秸之总名，又稻秫苽粱之属皆禾也，成熟曰登。

白露八月节　秋属金，金色白，阴气渐重，露凝而白也。

鸿雁来　《淮南子》作候雁来。鸿大雁小，自北而来南也。不谓南乡，非其居耳，详见雨水节下。

玄鸟归　玄鸟解见前。此时自南而往北也。燕乃北方之鸟，故曰归。

群鸟养羞　《淮南子》作群鸟翔。三人以上为众，三兽以上为群，群者，众也。《礼记注》曰："羞者所美之食。"养羞者，藏之以备冬月之养也。

秋分八月中　解见春分。

雷始收声　鲍氏曰："雷二月阳中发声，八月阴中收声，入地则万物随入也。"

蛰虫坏户　淘瓦之泥曰坏，细泥也。按：《礼记注》曰：

"坏益其蛰穴之户,使通明处稍小,至寒甚乃墐塞之也。"

水始涸　《礼记注》曰:"水本气之所为,春夏气至故长,秋冬气返故涸也。"

寒露九月节　露气寒冷,将凝结也。

鸿雁来宾　雁以仲秋先至者为主,季秋后至者为宾。《通书》作来滨,滨,水际也,亦通。

雀入大水为蛤　雀,小鸟也,其类不一,此为黄雀。大水,海也,《国语》云:"雀入大海为蛤。"盖寒风严肃,多入于海,变之为蛤。此飞物化为潜物也。蛤,蚌属,此小者也。

菊有黄华　草木皆华于阳,独菊华于阴,故言有桃桐之华,皆不言色,而独菊言者,其色正应季秋土旺之时也。

霜降九月中　气肃而凝,露结为霜矣。《周语》曰:"驷见而陨霜。"

豺祭兽　《礼记·月令》作豺乃祭兽戮禽。祭兽,以兽而祭天,报本也,方铺而祭秋金之义。

草木黄落　色黄而摇落也。

蛰虫咸俯 咸，皆也；俯，垂头也，此时寒气肃凛，虫皆垂头而不食矣。

立冬十月节 立字解见前。冬，终也，万物收藏也。

水始冰 水面初凝，未至于壅也。

地始冻 土气凝寒，未至于坼。

雉入大水为蜃 雉，野鸡，郑康成、《淮南子》、高诱俱注"蜃为大蛤"。《玉篇》亦曰："蜃，大蛤也。"《墨子》又曰："蚌一名蜃。"蚌非蛤类乎？《礼记》之注曰蛟属，《埤雅》又以蚌蜃各释，似非蛤类。然按：《本草》车螯之条曰："车螯是大蛤，一名蜃，能吐气为楼台。"又尝闻海中蜃气成楼垣，《章龟经》曰："蜃大者如车轮，岛屿月间，吐气成楼，与蛟龙同也。"则知此为蛤明矣。况《尔雅翼》引《周礼》诸家辨蜃为蛤甚明，《礼记》之注，以谓雉由于蛇化之说，故以雉子为蜃。《埤雅》既曰："似蛇而大，腰下尽逆鳞。"知之悉矣，然复疑之，一曰："状似螭龙，有耳有角。"则亦闻而识之，不若《本草》《章龟经》为是即一物耳。大水，淮也，《晋语》

曰:“雉入于淮为蜃。”

小雪十月中 雨下而为寒气所薄,故凝而为雪。小者,未盛之辞。

虹藏不见 《礼记注》曰:“阴阳气交而为虹。”此时阴阳极乎辨,故虹伏。虹非有质,而曰藏,亦言其气之下伏耳。天气上升,地气下降。

闭塞而成冬 天地变而各正其位。不交则不通,不通则闭塞,而时之所以为冬也。

大雪十一月节 大者盛也,至此而雪盛矣。

鹖鸣不鸣 《禽经》曰:“鹖,毅鸟也,似雉而大,有毛角,斗死方休,古人取为勇士冠。”名可知矣。《汉书音义》亦然。《埤雅》云:“黄黑色,故名为褐。”据此,本阳鸟,感六阴之极,不鸣矣。若郭璞《方言》:“似鸡冬,无毛,昼夜鸣,即寒号虫。”陈澔与方氏亦曰“求旦之鸟”,皆非也。夜既鸣,何谓不鸣耶?《丹铅馀录》作雁,亦恐不然。《淮南子》作鴇鴠,《诗注》作渴旦。

虎始交 虎，猛兽，故《本草》曰："能辟恶魅。"今感微阳气益甚也，故相与而交。

荔挺出 荔，《本草》谓之蠡，实即马薤也。郑康成、蔡邕、高诱皆云马薤，况《说文》云："荔似蒲而小，根可为刷。"与《本草》同。但陈澔注为香草，附和者即以为零陵香，殊不知零陵香自生于三月也。

冬至十一月中 终藏之气至此而极也。

蚯蚓结 六阴寒极之时，蚯蚓交相结而如绳也。

麋角解 说见鹿角解下。

水泉动 水者，天一之阳所生，阳生而动，今一阳初生，故云耳。

小寒十二月节 月初寒尚小，故云。月半则大矣。

雁北乡 乡，向导之义。二阳之候，雁将避热而回，今则乡北飞之；至立春后皆归矣，禽鸟得气之先故也。

鹊始巢 鹊，喜鹊也，巢之门每向太岁。冬至天元之始，至后二阳已得来年之节气，鹊遂可为巢知所向也。

雉雊 雉，文明之禽，阳鸟也。雊，雌雄之同鸣也，感于阳而后有声。

大寒十二月中　解见前。

鸡乳　乳，育也。马氏曰："鸡木畜，丽于阳而有形，故乳在立春节也。"

征鸟厉疾　征，伐也，杀伐之鸟，乃鹰隼之属，至此而猛厉迅疾也。

水泽腹坚　陈氏曰："冰之初凝，水面而已，至此则彻，上下皆凝，故云腹坚。腹，犹内也。"（明郎瑛《七修类稿》）

二　十二生肖考

我国旧时纪岁方法，向用一种干支，干即甲、乙、丙、丁、戊、己、庚、辛、壬、癸十干，支即子、丑、寅、卯、辰、巳、午、未、申、酉、戌、亥十二支。以干支互相配合，得数凡六十，如是周而复始，连绵不绝。相传此种干支，始于黄帝，则由来已久。后来又以十二支象十二兽，即子为鼠、丑为牛、寅为虎、卯为兔、辰为龙、巳为蛇、午为马、未为羊、申为猴、酉为鸡、戌为狗、亥为猪。于是人生于某年，即以某年的干支肖为某兽，俗称“生肖”。以人类肖作兽类，事颇奇特，但我国人迷信已久，往往直认己肖某兽某兽，不以为怪。此种生肖说法，究竟始于何时，用意何在，实值得我们的研究。

按：以十二支象十二兽，后汉时已经有之，在它以前，未之或闻。后汉王充《论衡·物势篇》云：

寅，木也，其禽虎也；戌，土也，其禽犬也；丑、未亦土也，丑禽牛，未禽羊也。木胜土，故犬与牛羊为虎所服也。亥，水也，其禽豕也；巳，火也，其禽蛇也；子，亦水也，其禽鼠也；午，亦火也，其禽马也……水胜火，故豕食蛇。火为水所害，故马食鼠屎而腹胀。——曰：审如论者之言，含血之虫亦有不相胜之效。午，马也；子，鼠也；酉，鸡也；卯，兔也。水胜火，鼠何不逐马？金胜木，鸡何不啄兔？亥，豕也；未，羊也；丑，牛也。土胜水，牛羊何不杀豕？巳，蛇也；申，猴也。火胜金，蛇何不食猕猴？猕猴者，畏鼠也；啮猕猴者，犬也。鼠，水也；猕猴，金也。水不胜金，猕猴何故畏鼠也。戌，犬也；申，猴也。土不胜金，猴何故畏犬？

此所举十一支的十一兽名，与今全合，所少的惟一“辰”支。至所举诸兽相胜相刻，“曰”前为当时一般的说法，“曰”后为作者王充的辨驳，以为胜刻之说，不足为凭。原文读来颇费思索，兹试改列一表如下：

子	丑	寅	卯	辰	巳
鼠	牛	虎	兔		蛇
水	土	木	木		火
水胜火鼠何不逐马	土胜水牛羊何不杀豕	木胜土故犬与牛羊为虎所服	金胜木鸡何不啄兔		火胜金蛇何不食猕猴

续表

午	马	火	火为水所害故马食鼠屎而腹胀
未	羊	土	土胜水牛羊何不杀豕
申	猴	金	水不胜金弥猴何故畏鼠
酉	鸡	金	金胜木鸡何不啄兔
戌	犬	土	土不胜金猴何故畏犬
亥	豕	水	水胜火故豕食蛇

我们现在且不谈五行相胜相刻(今亦作克)之说,总之,后汉时已有此种以支象兽说法,彰彰明甚。其他如后汉赵晔《吴越春秋》云:

> 立蛇门者,以象地户也。……吴在辰,其位龙也,故小城南门上,反羽为两鲵鱙以象龙角。越在巳地,其位蛇也,故南大门上有木蛇,北向首内,示越属于吴也。

其说辰象为龙,正可补上文之缺。此虽说春秋吴越之事,实则乃赵氏以时人所见,敷会古说。此外如郑玄注诸经,也往往以十二支为十二兽。如《礼记·月令》:"季冬之月出土牛。"郑注:"丑为牛,牛可牵止也。"盖以季冬月建丑,丑可象牛之故。可知此说后汉已极盛行,故各家皆有引用。但其起源究在何时,仍不可知。据唐释道世《法苑珠林》云始于印度,由印度传入中国,似不足信。兹引其原文如下:

> 尔时无胜意童子白佛言:"世尊,他方佛土所有人民,常作是言,娑婆世界杂秽,然我今者常见清净。"佛言:"如

是如是，如汝所说。又，此世界诸菩萨等，或作种种天人畜生之像，游阎浮提，教化如是种类众生。若为人天，调伏众生，是不为难；若为畜生，调伏众生，是乃为难。

"阎浮提外，东方海中有瑠璃山，名之为湖，具种种宝。其山有窟名种种色，是昔菩萨所住之处，有一'毒蛇'，在中而住，修声闻慈；复有一窟名曰无死，亦是菩萨昔所住处，中有一'马'，修声闻慈；复有一窟名曰善住处，亦是菩萨昔所住处，中有一'羊'，修声闻慈。其山树神名曰无胜，有罗刹女名曰善行，各有五百眷属围绕。是二女人，常共供养如是三兽。

"阎浮提外，南方海中有琉璃山。其山有窟名曰上色，亦是菩萨昔所住处，有一'猕猴'，修声闻慈；复有一窟名曰誓愿，亦是菩萨昔所住处，中有一'鸡'，修声闻慈；复有一窟名曰法床，亦是菩萨昔所住处，中有一'犬'，修声闻慈。中有火神，有罗刹女名曰眼见，各有五百眷属围绕。是二女人，常供养是三鸟兽。

"阎浮提外，西方海中有一银山，名曰菩提月。中有一窟名曰金刚，亦是菩萨昔所住处，中有一'猪'，修声闻慈；复有一窟名香功德，亦是菩萨昔所住处，中有一'鼠'，修声闻慈；复有一窟名高功德，亦是菩萨本所住处，中有一'牛'，修声闻慈。山有风神名曰动风，有罗刹女名曰天护，各有五百眷属围绕。是二女人，常供养如是三兽。

"阎浮提外，北方海中有一金山，名曰功德相。中有一窟名为明星，亦是菩萨昔所住处，有一师子（此方名'虎'），修声闻慈；复有一窟名曰净道，亦是菩萨昔所住处，中有一'兔'，修声闻慈；复有一窟名曰喜乐，亦是菩萨昔所住处，中有一'龙'，修声闻慈。山有水神名曰水天，有罗刹女名修惭愧，各有五百眷属围绕。是二女人，常共供养如是三兽。

"是十二兽，昼夜常行阎浮提内，人天恭敬，功德成就，已于诸佛所，发深重愿。一日一夜，常令一兽，游行教化，余十一兽，安住修慈，周而复始。七月一日，鼠初游行，以声闻乘，教化一切鼠身，令离恶业，劝修善事。如是次第，至十二日，鼠复还行。如是乃至尽十二月，至十二岁，亦复如是，常为调护诸众生故。是故此土，多有功德，乃至畜兽，亦能教化，演说无上菩提之道。是故他方诸菩萨等，常应恭敬此佛世界。"

述曰："此之十二兽，并是菩萨慈悲化导，故作种种人畜等形，住持世界，全不断绝。故人道初生，当此菩萨住窟，即属此兽护持得益。是故汉地十二辰兽，依此而行，不异经也。"

此说引自《大集经》，以为印度旧有此说，中国乃依此而行。按：佛教传入中国，在后汉明帝十一年（公元六十八年）信如所云，则王充、郑玄等辈，皆祖述其说而已。然彼方所云十二兽，与我国所象十二支的十二兽，次序不同。我以午为南，而彼以马为东；我以酉为西，而彼以鸡为南。且印度其他经典，并未再有此种记载，可知所谓《大集经》者，或为中国僧徒宣传佛法，即利用中土盛行的十二兽说法，造作经典，以示佛法的伟大，亦未可知。

此外明陆深作《春雨堂随笔》，又疑此说或起于北族。其说云：

> 方言以十二生肖配十二辰，为人命所属，莫知所起。周宇文护母留齐，贻书护曰："昔在武川镇，生汝兄弟，大者属鼠，次者属兔，汝身属蛇。"当时已有此语。北狄中每以十二生肖配年为号，所谓狗儿年羊儿年者，岂此皆胡语耶？

按：此周为南北朝时的北周，距后汉已五百余年，不应汉时已盛行的事，反云周时如此。至云北狄有所谓狗儿年羊儿年者，此北狄当指蒙古，今《元朝秘史》中，尚有此种遗文，可供参考。盖北族纪年向来用此方法，不知有所谓干支。其实不仅北族为然，东洋各国，大多如此。近人傅运森氏《十二辰考》云：

《新唐书·黠戛斯传》谓以十二物纪年，如岁在寅则在虎年。《宋史·吐蕃传》仁宗遣刘涣使其国，厮罗延使者劳问，具道旧事，亦数十二辰属曰："兔年如此，马年如此。"此等纪年，直至蒙古常沿用之，如《元朝秘史》及元代其他著作，常用虎儿年鼠儿年之类以纪年也。非第北俗为然，东方之日本，称甲乙为木兄木弟，庚辛为金兄金弟，而以十二物则沿用鼠牛等属，但改称彼国方音耳。即清语亦然，彼等翻译东坡《赤壁赋》"壬戌之秋"为黑狗之秋。皆因汉人干支之名，彼等素所未有，无法可译，而兽则可名，故以物名纪之耳。元周达观《真腊风土记》亦谓："其国十二生肖，亦与中国同，但所呼之名异耳。如以马为卜赛，呼鸡之声为栾，呼猪之声为真卢，呼牛为个。"是元时南方之柬埔寨，亦以十二兽纪年也。近人丁文江君所辑《爨文丛刻》者，我国西南彝罗罗族之文也，经其族学人解汉文者，以汉文译出所谓宇宙源流，有曰："甲乙树龙青，青帝东门守，虎以兔向同。丙丁火龙红，红帝南门守，蛇以马向同。庚辛金龙白，白帝西门守，猴以鸡向同。壬癸水龙黑，黑帝北门守，猪以鼠向同。二旁土龙黄，黄帝分不主，拘龙以牛羊。”此则纯乎汉化而但小异耳。故可信十二辰与十二属，皆出自中国之汉族，绝非由外方传入，转可证中国文化之广播于四裔也。

傅氏此说，极有见地。我们也以为中国文化，自古迄今，受外来的影响虽然很多，但干支既为我国所首创，则象十二支的十二兽，决不为外族所创造，再转而传入于我国。否则数同十二，决无如此的巧合。至何以有此象兽之事，傅氏尝为推测如下：

盖古代天星之物象，以青龙、白虎、朱鸟、玄武四宿为最先。朱鸟亦名朱雀，又谓之鹑，又谓之凤。玄武为龟蛇所合，故或谓之龟，或谓之蛇。《左传》襄公二十八年疏：“虫兽在地，有象在天，分在四方，方有七宿。……龟蛇二虫，共为玄武”是也。十二辰之配十二虫（十二兽），当即本于龙虎鸟龟（或蛇）配四宿而推演之，其由来实无从讨论。

但他下文又引王充、郑玄诸文，以为十二兽之名，“固皆后汉始有矣。盖自西汉之季，谶纬大昌，方术蜂起，实为十二兽应用于十二辰之由来”。是并非无从讨论，不过这个假定，是否能合逻辑而已。但我以为后汉以前，既无载籍可考，那么此种假定，实在也并非绝对不可靠的。大约当时方术家们，嫌十二支过于抽象，故用具体物象，以便推衍。正如前人陈说八卦，亦有“乾为马，坤为牛”之说，用意相同。至于彼此配合的理由究竟安在，则或谓十二支原分阴阳，取兽的足爪奇偶以分配的。如宋洪葵《旸谷杂录》云：

> 子鼠、丑牛、寅虎、卯兔、辰龙、巳蛇、午马、未羊、申猴、酉鸡、戌犬、亥猪十二相属，前辈未有明其所以取义者。曩见家璩公选云：“子寅辰午申戌俱阳，故以相属之奇数为名；鼠虎龙猴狗俱五指，马则单蹄也。丑卯巳未酉亥俱阴，故取相属之偶数为名；羊牛鸡猪俱四爪，兔两爪，蛇两舌也。”

此即以十二支有阴有阳，阴为偶数，阳为奇数，故取兽的足爪奇偶，以分配于十二支。但何以奇数必举鼠虎诸兽，偶数必举牛羊诸兽，洪氏仍未加以说明。明郎瑛《七修类稿》却云与兽的性情有关，兹亦引录如下：

地支在下，各取物之足爪，于阴阳上分之。如子虽属阳，上四刻乃昨夜之阴，下四刻乃今日之阳，鼠前足四爪象阴，后足五爪象阳故也。丑属阴，牛蹄分也。寅属阳，虎有五爪。卯属阴，兔缺唇且四爪也。辰属阳，龙乃五爪。巳属阴，蛇舌分也。午属火，马蹄圆也。未属阴，羊蹄分也。申猴，五爪。酉鸡，四爪也。戌狗，五爪也。亥猪，蹄分也。

此所说与洪氏同，下则再分析其配合原因，认为与兽的性情有关：

子为阴极，幽潜隐晦，以鼠配之，鼠藏迹也。午为阳极，显明刚健，以马配之，马快行也。丑为阴也，俯而慈爱生焉，以牛配之，牛有舐犊。未为阳也，仰而秉礼行焉，以羊配之，羊有跪乳。寅为三阳，阳胜则暴，以虎配之，虎性暴也。申为三阴，阴胜则黠，以猴配之，猴性黠也。日生东而在西酉之鸡，月生西而有东卯之兔，此阴阳交感之义，故曰卯酉为日月之私门，今兔舐雄毛则成孕，鸡合踏而无形，皆感而不交者也，故卯酉属兔鸡。辰巳阳起而动作，龙为

> 盛，蛇次之，故龙蛇配焉，龙蛇变化之物也。戌亥阴敛而潜寂，狗司夜，猪镇静，故狗猪配焉，狗猪持守之物也。

然此说未免有穿凿附会之处，如云“日生东而有西酉之鸡，月生西而有东卯之兔”是谓酉鸡卯兔，与日月东西有关。然卯实在东，酉实在西，日出于东，则似应为卯，月生于西，则似应为酉。俗以日为金乌，月为玉兔，与此象征，适得其反。又上文云辰为阳，巳为阴，此云俱阳；又戌为阳，亥为阴，此则俱阴，亦难自圆其说。总之，此种以兽足奇偶，配合地支阴阳，仅是偶然巧合，恐皆不足为据的罢！

其次则谓以二十八宿的禽星，分配于十二支，如明王鏊《震泽长语》云：

> 二十八宿分布周天，以直十二辰；每辰二宿，惟子午卯酉则三宿，而各有所象。女土蝠，虚日鼠，危月燕，子也。室火猪，壁水貐，亥也。奎木狼，娄金狗，戌也。胃土雉，昴日鸡，毕月乌，酉也。觜火猴，参水猿，申也。井木犴，鬼金羊，未也。柳土獐，星日马，张月鹿，午也。翼火蛇，轸水蚓，巳

也。角木蛟，亢金龙，辰也。氐土貉，房日兔，心月狐，卯也。尾火虎，箕水豹，寅也。斗木獬，牛金牛，丑也。天禽地曜，分直于天，以纪十二辰，而以七曜统之，此十二肖之所始也。

按：以二十八宿分配十二支，汉时已有之，其详可阅《淮南子·天文训》。惟二十八宿禽星，究始于何时，则莫得其详。隋萧吉撰《五行大义》更演二十八宿禽星为三十六禽星，以分配于十二支，可知禽星之说，隋以前早已有了。惟此本术数家用五行及各禽（古时鸟兽总称为禽）与二十八宿相配，以占吉凶，岂汉时已有此说？然据朱熹所说，以为如此相配，惟龙与牛为合，而他皆不类。至于虎当在西，而反居寅；鸡为鸟属应在南，而反居酉，又舛之甚者。此盖古时以东方为青龙，南方为朱雀，西方为白虎，北方为玄武，故云虎当在西，鸟应在南。然则此说亦不能成立，仍难使人明其究竟的。此外宋曾三异《同话录》云：

十二辰属子午卯酉丑，其原体皆有亏，如鼠无胆，鸡无肾，马无角，牛无齿，兔无唇之类。

隐然以十二支配合的兽，皆与体亏有关。后之《三命通会》（不知撰人）更详述十二兽皆有所缺，其说云：

> 或问十二属相各有所缺者何也？答曰，天倾西北，地不满东南，天地尚缺，兽体岂全？故鼠少光夜出，牛无牙唇吻，虎无项和身而转，兔缺唇无雄，龙亏耳角听，蛇无足快行，马怯胆常立不眠，羊无瞳死不闪目，猴无脾喜食果物，鸡无肾淫而无节，犬无胃食秽善呼，猪无觔常眠少立。此系阴阳不备之意，亦与造化相应。

其说皆牵强穿凿，殊难使人证信，我们也不再详论了。至近人傅运森氏所作《十二辰考》，则又认为与字义有关，其说如下：

> 古人定十二辰之名，本无必然之秩序，或取动物，或取静物，或取人事，姑以愚臆妄断之。如子象子孙，而《说文》所载籀文子字，颇类燕形。丑象牛迹。寅字《说文》之古文及金文，有类虎颜，其目瞋然可畏。卯字金文，契文，颇类兔之耸耳突目。辰为蜃形，后转为龙行之形。巳与亥，后在《说文》皆以为蛇与豕之形，此皆动物也。午酉象静物。申象神之伸现，戌象以戈驻守，此为人事。惟

未字未详，或象树木滋生蒙昧之状。凡此所述，皆凭臆而言，羌无故实，然亦或有其理由焉。

傅氏此释，或确有其理由。惟释午酉申戌未非动物，则十二兽之说，难求符合。至于子类燕形，傅氏以为"鼠类所赅颇广，《尔雅》□(此处缺一字——编者注)证。鼠与燕实相关，故二十八宿中之女虚危，其禽即蝠鼠燕相连，其辰皆在子"云。我以为古人造字，原有象形会意种种。以十二兽配合十二支，既无一定原理可言，则或者从字面着想，加以附会。现在子丑寅卯辰巳午既从字面上象形而得，则午未申酉戌或者从字义上会意而来。如午字《说文》有与矢同意之说，矢出甚速，与马行相同，故以之配马。未字与羊字形体略同，或即以之配羊。申既象神之伸现，此神乃指人的精气，兽类惟猴与人近似，故以之配猴。酉字《说文》："就也，八月黍成，可为酎酒。"是酉有黍成酒之意。《论语》："止子路宿，杀鸡黍而食之。"古人鸡黍多并称，故以之配鸡。戌字傅氏以为象以戈驻守，狗能司夜守门，故以之配狗。凡此所配，诚如傅氏所说：“皆凭臆而言，羌无故实。”但傅氏既可推断子丑等兽类，我以为也不妨用同样方法，推断午未等兽类。大抵当时配合诸兽，皆取习知者为主，以便人们认识记忆，固无何种深意可说，那么此种推测，或者并非毫无理由的罢！

图书在版编目（CIP）数据

岁时令节：小精装校订本 / 杨荫深编著. —上海：上海辞书出版社，2020
（事物掌故丛谈）
ISBN 978-7-5326-5597-7

Ⅰ.①岁… Ⅱ.①杨… Ⅲ.①节令－风俗习惯－介绍－中国 Ⅳ.①K892.18

中国版本图书馆CIP数据核字（2020）第100834号

事物掌故丛谈

岁时令节（小精装校订本）

杨荫深 编著

题 签 邓 明　篆 刻 潘方尔
绘 画 赵澄襄　英 译 秦 悦

策划统筹 朱志凌　责任编辑 朱志凌　特约编辑 徐 盼
整体设计 赵 瑾　版式设计 姜 明　技术编辑 楼微雯

出版发行 上海世纪出版集团
上海辞书出版社（www.cishu.com.cn）
地 址 上海市陕西北路457号（邮编 200040）
印 刷 上海雅昌艺术印刷有限公司
开 本 889×1194毫米 1/32
印 张 7
插 页 4
字 数 90 000
版 次 2020年8月第1版 2020年8月第1次印刷
书 号 ISBN 978-7-5326-5597-7/K·1142
定 价 49.80元